KB181731

한눈에 읽는 외식창업 성공이야기 [시리즈 20]

이자카야 마니아의 질주 사케 전문점

김병욱 지음

 킴스정보전략연구소

김 병 욱 소장

　킴스정보전략연구소 소장인 김병욱 박사는 소상공인 창업 지원 연구, 개발, 평가, 심사, 위원으로 활동하고 있으며, 삼성그룹사가 작사와 1등을 뛰어넘는 2등 전략과 창업 틈새 전략 외 150여 권의 저서를 발표한 바 있다.

　그 밖에 방송·산업체 강의, 평가 등의 활동과 동시 월스트리트저널에 의해 21세기 아시아 차세대 리더에 선임된 바 있는 정보전략가임과 동시 경영컨설턴트이다.

Contents

Ⅰ. 주류의 귀공자 사케의 질주 ·······························1

1. 새로운 트렌드 사케 ·······························3

　1) 새로운 트렌드로 자리 잡은 사케 ·······························3

　2) 국내 사케시장 매년 30%이상 지속적인 성장 ·······················3

　3) 수입사케의 질주와 점령 ·······························7

2. 사케 (이자카야) 시장 현황 ·······························9

　1) 사케 전문점 트렌드 ·······························9

　2) 사케 수입업체, 사케를 알리다 ·······························10

　3) 사케, 이자카야 전문점에서 즐기다 ·······························10

3. 서울 사케 페스티벌에서 본 사케 트렌드 ·······················14

　1) 사케 페스티벌에서 본 사케주류 현황 ·······················14

　2) 국내에서 주목 받는 일본소주 사케 ·······················15

Ⅱ. 일본 청주 사케(이자카야) 시장 현황 ·······················19

1. 일본 사케 시장 동향 ·······························21

　1) 사케 소비 동향 ·······························22

　2) 사케 제조업계 동향 ·······························25

　3) 사케 시장 일본 내 소비 감소 ·······························26

2. 일본 사케, 국가 수출 관리전략 ·······························27

　1) 일본 국가 관리품목 사케 ·······························27

Contents

2) 일본 주류 혼합 음료 시장 ·····················31

3. 일본 장사의 신(神) 우노 타카시 ··········33
1) 도쿄의 작은 거인 우노 타카시 ··············33
2) 스토리텔링의 힘 ·····························35
3) 매장은 즐거워야 한다 ······················36

Ⅲ. 정통 이자카야(사케) 명품브랜드 ·········39

1. 이자카야 정통 사케의 맛을 추구하는 브랜드 ·······41
1) 정통 로바다야끼의 진수를 보여주는 〈미타야 로바다야끼〉 ·····41
2) 정통일식의 자부심을 지키는 〈가네가와〉 ··············43
3) 최초의 일본식 선술집 프랜차이즈 〈쇼부〉 ·················44
4) 청주(사케)와 함께 즐기는 수제오뎅의 참맛 〈오뎅사께〉 ·······45
5) 토탈 퓨전 레스토랑을 표방하는 〈피어 에비뉴(Pier Avenue)〉 ····46

2. 유니크한 명품 사케가 뜨고 있다 ··············47
1) 한국경제에 소개된 간바레오또상 ················49
2) 간바레오또상과의 운명적 만남 ·················51
3) 품질 위에 스토리를 입히다 ···················53
4) 일본 전통주 붐을 이끈 선두주자 〈이시모토주조(주)〉 ·········55

3. 국내 제1의 명품 사케 수입사 ···············57
1) ㈜니혼슈코리아 ·····························57

Contents

2) ㈜니혼사케 ···60

Ⅳ. 사케 브랜드의 특징과 선택 ·····························65

1. 현지 사케 트렌드와 개성만점 자자케를 접하고 싶다면 〈(주)일로〉 ···67
1) 재밌고 독특한 사케 발굴, 틈새시장 노리다 ·······················67
2) 현지 트렌드 반영, 국내 제일의 지자케 수입사로 성장 ·······68
3) ㈜일로의 추천 사케 3종 ·····································69

2. 일본 양조장 직송의 지자케를 맛보고 싶다면 ㈜사카야 코리아 ···71
1) 일본 동북지방 질 좋은 지자케 수입 ·····························71
2) 자신만의 사케 리스트를 만들어야 ·····························72
3) ㈜사카야코리아의 추천 사케 3종 ·····························73

3. 고품질 사케를 합리적인 가격으로 만나는 법 ㈜썬프라자 ·····75
1) 사케가 좋아 뛰어든지 어느덧 12년차 ·····························76
2) 사케 수입의 본질은 '다양성' ·····························77
3) ㈜썬프라자의 추천 사케 3종 ·····························78

4. 하나밖에 없는 '청담이상 준마이'를 마시다 〈청담이상〉 ·······79
1) 고객을 향한 초심으로 승부 ·····································80
2) 〈청담이상〉에서만 즐기는 '준마이' ·····························81
3) 〈청담이상〉의 추천 사케 3종 ·····························82

5. 합리적인 가격과 맛, '천상 사케 세트' 눈길 〈천상〉 ····82

Contents

1) 점주와 매니저를 대상으로 사케 교육 ·······83

2) 고객성향에 맞는 사케 추천 ·······84

3) 〈천상〉의 추천 사케 3종 ·······85

6. 국내최초 무한 사케시스템, 사케 리딩브랜드가 될 〈무사〉 ···86

1) 사케, 무한리필로 마음껏 즐겨라 ·······86

2) 무한사케, 무한클리어, 무한생맥주 리필 ·······87

3) 〈무사〉의 추천 사케 3종 ·······88

7. 여심(女心) 사로잡는 개성만점 이자카야 〈행복한 오타쿠〉 ····89

1) 캐쥬얼 이자카야로 승부수 ·······89

2) 다양한 사케, 전국 최저가로 맛보다 ·······90

3) 소자본 창업 아이템으로 눈 여겨 볼만 해 ·······92

부록: 창업 및 업종 전환, 신규사업 가이드 ·······93

참고문헌 ·······171

I

주류의 귀공자 사케의 질주

1. 새로운 트렌드 사케

1) 새로운 트렌드로 자리 잡은 사케

'사케(酒)'는 원래 일본 술을 총칭하는 말이지만 국내에서는 쌀로 빚은 일본식 청주를 지칭하는 말로 사용되고 있다.

이미 고급 일식점 등을 통해 선보이던 '사케'가 최근 이자까야, 로바다야끼, 오뎅바(bar), 사케 바(bar) 등 다양한 형태의 취급점포가 나타나고 한일간 교류확대 및 일본 내 주류시장의 판도변화 등 여러 가지 요인들이 결합되어 국내에 널리 전파되고 있다.

이 같은 대중화로 인해 사케전문점이 하나의 외식창업 아이템으로 자리 잡았다.

2) 국내 사케시장 매년 30%이상 지속적인 성장

그동안 젊은층에게는 차례를 지내거나 제사 때에 어른들과 함께 음복을 했던 '정종'으로만 기억되던 청주가 이제 최첨단의 트렌드로 자리를 잡고 있다.

물론 그 수요는 아직도 제한적인 상황이다. '쇼부'나 '오뎅사께' 등 일본식 주점이 증가하고 와인바와 유사한 형태의 사케바 등이 생겨나면서 이전과 달리 다양한 가격대의 청주를 자신의 취향에 맞게 마실 수 있는 환경이 조성된 것도 청주의 인기를 끌어올리는 중요한 요인이 된 것이다. 또한, 한일간 교류확대와 원화강세로 인한 '엔저(低)'라는 호재도 기여하였다.

현재 10여개 업체가 수입하고 있는 일본 청주시장은 100억 내외의 규모이고, 소주는 극히 미미한 수준이다. 그러나 지속적인 성장세를 보이고 있고, 몇몇 대기업에서도 관심을 갖고 있거나 직접 수입에 뛰어들 채비를 하고 있는 것으로 볼 때, 향후 시장에 또 다른 바람이 불어올 것이 예고된다.

한편, 국내산 청주의 경우 제사주를 중심으로 생산, 소비되고 있는데 두산의 백화수복이 전체시장의 80% 이상을 차지하며 독주하고 있으며, 국순당을 비롯한 기타 주류가 나머지를 차지하고 있다.

두산주류는 "국산 청주시장은 대략 500억 규모로 추산된다"며 "70%정도는 제사주 시장으로 나머지가 일식점 등에서 판매되는 것으로 보고 있다"고 주장한다. 두산주류는 국내 청주 시장이 2004년 이후 연 평균 20%씩 지속적으로 증가하고 있는 점에 주목하고, 고급청주 '다미사케(多味Sake)'를 출시해 수입 청주에 대응하고 있다.

이렇듯 청주(사케)시장이 세인들의 관심을 갖게 된 데에는 무엇보다도 '쇼부', '오뎅사께', '피쉬앤그릴'과 같은 일본식 주점의 역할이 컸다. 업계 관계자들도 하나같이 대중적인 인지도를 제고하는데 있어서 일본식 주점의 영향이 상당했다는 점에는 이견을 제시하는 이가 없을 정도이다.

2001년 론칭한 (주)제이에스프로페셔날 '쇼부'의 경우 현재 200여 개의 가맹점이 오픈해서 성업 중에 있으며, 2003년말에 등장한 리치푸드(주) '피쉬앤그릴'은 400여 개의 점포가, 2004년부터 사업을 시작한 (주)에스씨에프 '펀앤조이오뎅사께'는 150여 개가 영업을 하고 있다. 또한 현재 전체 주류 매출 가운데 20%정도가 청주매출이며 사업 초기보다는 청주 수요가 계속 증가하고 있는 추세다.

최근 등장하고 있는 사케 Bar는 기존의 일본식 주류매장과는 다른 모습을 하고 보다 다양하고 고급스런 고객의 욕구를 충족시키고있다. 신사동, 압구정동, 청담동 등 강남 일대에 10여 개의 사케 Bar가 영업중이며, 강북의 유명 호텔 등에도 위치하고 있다.

특히 최근에는 와인&사케 Bar가 등장해서 마니아들의 발걸음을 붙잡고 있다. 삼원가든은 외식테마빌딩 SG다인힐내에 'Wine & Sake Bistro 메자닌'을 선보였다. 이곳은 200여 종의 와인과 30여종의 사케를 한 장소에서 즐길 수 있도록 한 점에서 그 독보성을 인정받고 있다.

청주(사케)에 대한 인기는 비단 국내에서 뿐만 아니라 미국이나 유럽 지역에서도 높은데 이는 자국 문화에 대한 높은 관심과 함께 적극적인 지원과 일본 특유의 국민성이 결합돼서 얻어낸 성과라고 볼 수 있다. 각각의 지방 마다 특색 있게 생산하는 '지사케'의 경우 일본 국세청에 따르면 2015년 기준으로 2,238곳에서 생산하고 있는 것으로 그려졌다.

사케의 대중화를 통해 성장하기 위하여 무엇보다 음주문화의 차이를 극복하는 것이 선결과제라 할 수 있는데, 제사나 조리용으로 쓰인다는 생각이나 무조건 데워서 마셔야 한다는 선입견을 해소해야 한다. 또한 현재 5~8%선에 머물고 있는 대형할인점 등 오프(Off) 시장에 대한 비중을 점차 확대하고 인지도를 높여가야 한다.

일본의 경우에는 일본 술 협회가 관장하는 '기기사케시'라는 것이 있는데 일본 술에 정통한 일종의 '일본 판 소믈리에'라면 이해가 쉬울 듯하다. 이런 전문가 양성을 통해 자국 술의 경쟁력을 키워나가고 있는 것이다.

이처럼 청주가 와인이 그랬던 것처럼 지속적인 성장과 대중화의 길을 밟아갈 수 있을지 관심을 갖고 지켜볼 일이다.

3) 수입사케의 질주와 점령

일본의 전통주인 사케가 국내 와인바에서 꾸준한 판매 증가추세를 보이고 있다. 국내의 사케 수입 업체는 50~60개에 이르며, 일본의 2만여개 브랜드 가운데 수입되는 브랜드는 1,000여개에 이른다.

이는 국내 소비자들의 건강을 생각하는 음주문화의 변화에 따라 비싸고 강한 도수의 위스키와 같은 술은 상대적으로 감소한 반면 와인이나 사케, 맥주와 같은 주류 수입이 꾸준히 증가한 데 따른다. 하지만 사케 수입량이 눈에 띄게 증가하고 있으나 수입액은 8.8% 증가에 그쳐 단위 품목당 평균 수입단가는 오히려 낮아지고 있다.

국내 소비자들이 가격이 저렴한 사케를 선호하는 것을 잘 알 수 있는 대목이기도 하다. 한편 업계 전문가들은 수입업체들이 가격이 저렴한 사케를 중심으로 개발해 국내 사케 문화가 저가 시장이 주류를 이루고 있다고 보고, 양질의 사케를 합리적인 가격으로 즐길 수 있는 제품 개발이 시급하다고 지적한다.

관세, 유통마진, 점포의 턱없이 높은 가격책정은 가격이 저렴한 사케를 4~5배가량 비싸게 즐길 수밖에 없는 시장 상황을 만들어 사케의 올바른 정착을 기대하기는 힘들다. 하지만 일각에서는 일본의 양조장을 직접 발굴해 지방의 독특하고 가격경쟁력이 있는 지자케를 발굴해 틈새시장을 겨냥하고 있는 수입업체들도 속속 늘고 있다.

이에 국내 와인바나 이자카야전문점에서도 점차 가격 경쟁력을 갖추면서 맛과 향이 다양한 사케를 즐길 수 있을 것으로 기대하고 있는 전문 와인바가 증가하고 있는 것이다.

사케에 대해 우리가 알아야 할 것은 데워먹는 것에 대한 상식이다. 사케는 무조건 데워 먹어도 좋다는 의식이 한국인에게 많이 퍼져있는데 결론부터 말하면 사케를 데워 먹는 것은 사케를 마시는 방법 중의 하나일 뿐이다.

특히, 최근에는 향이 강한 준마이슈가 유행하면서 차게 먹거나 상온으로 먹는 사케가 많아졌다. 보통 준마이슈나 혼조슈, 보통주는 많이 데워먹는다.

사케를 데우면 향과 섬세한 풍미가 날아가고, 감칠맛이 강화되고 부드러워 진다. 그래서 향과 섬세한 맛으로 먹는 다이긴조슈나 긴조슈는 차게 해서 먹는 것이 일반적이다. 그러나 긴조슈 중에서 데워 먹어도 좋은 사케도 있기 때문에 사케의 개별 특성에 맞게 온도를 맞춰 먹어야 한다.

데워 먹어도 맛있고 차게 해도 맛있는 사케가 진짜 좋은 사케라는 말이다.

2. 사케 (이자카야) 시장 현황

1) 사케 전문점 트렌드

이자카야 전문점이 활발한 행보를 보이면서 국내 사케 시장도 꾸준히 증가하는 추세다. 경기불황과 일본에서의 방사능 여파로 인해 사케나 일본식에 대한 선호도가 다소 주춤거리기도 했으나 사케의 소비는 꾸준히 늘고 있는 추세다.

물론 일본원전의 방사능 오염수 유출사태와 같은 외부충격이 있기는 했지만 고급 일식집이나 횟집에 그 여파가 크게 다가올 뿐, 실질적으로 이자카야 전문점의 체감 경기는 크게 영향을 미치지 못하는 분위기다. 특히 국내 외식 시장이 일본 외식 시장의 트렌드나 아이템에 많은 영향을 받는 만큼 일본의 외식아이템과 브랜드는 국내 창업시장에 매력으로 다가온다.

이미 프랜차이즈 중견기업들 가운데는 일본의 이자카야 전문점 브랜드나 돈가스, 햄버거, 돈부리, 카레 등 다양한 아이템을 국내에 들여와 시장을 선도하고 있기도 하다.

2) 사케 수입업체, 사케를 알리다

2000년대 중반 이후 '열풍'이라고 할 정도로 일본식 주점인 이자카야의 인기가 치솟으면서 덩달아 사케에 대한 관심도 높아만 갔다.

사케를 전문으로 수입하는 업체들은 사케를 생산하는 양조장만큼이나 다양한 각기 다른 정체성을 가지고, 자신들만의 개성적인 라인업을 선보이며 고객들의 지지를 얻어왔다.

한편 국내 사케 수요가 꾸준히 증가함에 따라 대략 50~60개의 수입 업체들이 난립해 왔으며, 롯데 아사히 주류 외에 다른 대기업에서도 호시탐탐 사케 시장을 노리고 있다. 이에 중소 업체들은 내셔널 브랜드 보다는 자사만의 경쟁력을 가진 지자케 시장을 발굴, 개발해 시장 경쟁력을 키워나가고 있다.

3) 사케, 이자카야 전문점에서 즐기다

불경기 여파에 따라 창업열기가 다소 주춤해지는 상황에선 아무래도 소자본 창업이 대세를 이룬다. 그리고 눈에 띄는 것은 바로 주점이 꾸준히 인기를 끌고 있다는 점이다.

그 가운데서 이자카야는 단연, 고객들과 예비창업자들에게 매력 있는 창업 아이템이자 외식 공간으로 다가온다. 매년 사케에 대한 수요가 꾸준히 증가하고 있는 가운데, 그 중심에는 바로 이자카야 전문점의 확산과 깊이 맞닿아 있다.

국내 이자카야 전문점은 20~30대들이 선호하는 외식 아이템으로 시장은 꾸준히 증가할 것으로 보인다. 하지만, 그 가운데서도 경쟁력 없는 이자카야 전문점은 꾸준히 폐점의 기로에 서게 될 것이다.

이자카야 전문점 특성상 창업비가 워낙 많이 들다보니, 소주와 같이 값싼 술을 판매해서는 마진율이 만족스럽지 않을 것이기 때문이다. 따라서 좋은 사케로 고객을 끌어들여 매출을 올리는 것이 관건이다.

이를 위해서는 점주와 직원들이 사케에 대해 제대로 숙지하고 있어야 한다. 사케의 온도에서부터 사케 잔, 사케에 어울리는 메뉴와 서비스 등 개선해야 할 것들이 한 두가지가 아니기 때문이다.

대형 사케 브랜드에서 양산하는 값싼 사케로 일관하기 보다는 자기 브랜드만의 경쟁력을 가질 수 있는 좋은 술을 개발해 그에 맞는 서비스를 제공하는 것이 향후 이자카야 전문점의 경쟁력이 될 것으로 보인다.

〈표1〉 사케의 분류

구분	특정명칭	사용원료	도정율	코우지(누룩) 사용 쌀 %	알코올 첨가	기타 첨가물
특정명칭주	긴조슈	쌀, 쌀누룩, 양조알코올	60% 이하	15% 이상	쌀의 10% 이하	
	다이긴조슈	쌀, 쌀누룩, 양조알코올	50% 이하	15% 이상	쌀의 10% 이하	
	준마이슈	쌀, 쌀누룩	기준 없음	15% 이상	없음	
	준마이긴조슈	쌀, 쌀누룩	60% 이하	15% 이상	없음	
	준마이다이긴조슈	쌀, 쌀누룩	50% 이하	15% 이상	없음	
	도쿠베츠 준마이	쌀, 쌀누룩	60% 이하 혹은 특별한 제조방법(설명표시 필수)	15% 이상	없음	
	혼조조슈	쌀, 쌀누룩, 양조알코올	70% 이하	15% 이상	쌀의 10% 이하	
	도쿠베츠 혼조조슈	쌀, 쌀누룩, 양조알코올	60% 이하 혹은 특별한 제조방법(설명표시 필수)	15% 이상	쌀의 10% 이하	
일반주	후쓰슈	쌀, 양조알코올 및 쌀, 당류, 산미료, 화학 조미료	규정 없음	3등미 이하 사용가능	쌀의 20%~40% 혹은 그 이상	당류, 산미료, 화학 조미료 등을 첨가 가능

〈표2〉 맛과 향 타입에 의한 음식 궁합

구분	설명	일본요리	중국요리	서양요리	한국요리
향이 강한 **군슈** (긴조슈, 다이긴조슈)	식전주로 좋다. 청량한 맛을 지니고 소재 자체가 부드럽고 단맛을 지닌 음식, 심플한 맛의 요리들이 잘 맞는다. 화려한 향과 상쾌한 맛을 지닌 사케 타입이므로 맛과 향이 강한 요리와는 맞지 않는다.	농어소금구이, 은어소금구이, 산채덴푸라, 광어회, 아나고소금구이	방방지, 해조류튀김, 팔방채, 가리비브로콜리볶음	흰살생선무스, 가리비와인찜, 생선그라탕, 크림스튜, 아보카도, 새우샐러드	흰살생선회, 흰살생선구이
경쾌하고 매끈한 타입 **소슈** (나마자케계열 혼조조, 준마이슈)	경쾌한 감칠맛을 지닌 요리, 담백한 요리, 시원한, 맛을 내는 요리와 상승효과를 낸다. 지방이 많은 요리를 빼고는 어떠한 요리와도 잘 맞는다.	송어소금구이, 오징어튀김, 생국, 무찜, 탕두부	새우 혹은 게 슈마이, 오징어볶음, 부용해(게와 야채를 넣은 달걀부침)	해산물샐러드, 감자샐러드, 롤드캐비지, 야채테린, 마카로니그라탕, 플레인오믈렛	봄나물요리, 도토리묵 등 묵류, 김치전, 감자전 등 전류
복잡하고 깊은 맛 **준슈** (준마이슈)	최고의 식중주. 요리와의 궁합이 폭넓은 편이다. 단백질이 많은 고기나 발효식품 등 강한 맛을 지닌 요리,	돈가스, 치쿠젠 닭고기조림, 고등어된장조림, 스키야키, 야키도리,	팔보채, 군만두, 탕수육, 마파두부	닭고기햄버거, 비프스테이크, 송아지커틀렛, 크림스튜,	삼겹살구이, 등심구이, 된장찌개

	크림이나 버터를 사용한 서양요리와도 잘 맞는다.	가자미튀김, 흰살 생선튀김		후라이드 치킨	
숙성타입 **주쿠슈** (고슈)	식후주로 가장 적합한 사케. 식중에는 강한 맛과 향을 지닌 요리와 잘 맞는다. 생어패류를 이용한 요리, 복잡하고 농후한 사케는 역시 진한 음식과 잘 맞는다.	장어구이, 잉어국, 통삼겹살찜	잉어구이, 소굴소스요리, 베이징덕, 슈마이(찐만두)	램스테이크, 비프스튜, 오리로스트, 프아그라소테, 스파게티미트소스	불고기, 감자탕, 김치찌개

자료: 박정배, 「사케입문」, 서울: 인디콤(2015).

3. 서울 사케 페스티벌에서 본 사케 트렌드

1) 사케 페스티벌에서 본 사케주류 현황

지난 2014년 4월 17일~19일까지 삼성동 코엑스에서 '2014 서울 국제와인 & 주류박람회'가 개최되었다. 국내의 주류 소비 트렌드를 한눈에 볼 수 있는 본 행사는 2014년 12회째를 맞게 된 국내 최대의 주류 전문 전시회이다. 이번 박람회는 약 70여개의 해외 생산자들과 약 90여개의 국내 수입사가 참여하여 약 5,000여종에 이르는 우수한 품질의 다양한 주류를 소개하였다.

사케페스티벌 개최기간 중 이벤트 공간에서는 키키자케시(사케 소믈리에)에 의한 세미나 '사케와의 만남', '신선함을 마시자! 나마자케(생사케)'가 반복적으로 열렸으며 관람객들에게 심도 깊게 재미있게 사케에 대해 배웠다는 좋은 평가를 받았다. 또 '새롭게 주목받는 일본소주' 세미나는 아직 한국시장에서 잘 알려지지 않은 일본소주에 대해 배우고 시음할 수 있는 기회도 있었다.

수입 일본주류의 주력은 맥주와 사케다. 일본무역진흥기강(JETRO) 서울사무소 오사와 총무팀장에 의하면 한국은 일본에서 수출된 사케 전체의 20%이상을 차지하는 중요한 시장이다. 수입량은 10년 전에 비해 약 25배로 증가해 왔으며, 여러 요인으로 최근 3년은 완만하지만 계속 증가 추세에 있다. 최근 수입량 베이스의 증가가 금액 베이스의 증가보다 큰데, 그 이유는 저렴한 가격대 상품의 수입이 많아지고 있는 것으로 보인다.

2) 국내에서 주목 받는 일본소주 사케

소주가 일본수입주류 전체에서 차지하는 비율은 아직 적지만 최근 크게 증대하고 있는 중이다. 일본소주의 급성장에 주목을 해야하는 이유다. 그 이유는 한국에서 사케가 어느 정도 인지된 상황 속에서 일본주류 수입업자들이 새로운 종류의 상품을 다루고자 하는 욕망이 있기 때문으로 보고 있다.

앞서 언급한 바와 같이 현재 일본에서는 소주가 인기를 끌고 있다. 소주는 다양한 원료로부터 만들어지는 알코올도수가 45도 이하인 증류주를 가리킨다. 일본에서 국내 유통이 되고 있는 "본격소주(일정한 제조 조건에 미친 상품)"의 90%이상이 고구마, 보리, 쌀로 만들어진다. 본격소주는 증류과정을 한번만 거침으로 원료의 풍미가 살아 있고 원료에 따라 다양한 맛과 향을 즐길 수 있는 것이 특징이다.

1980년대 1차 붐으로 "추하이" 칵테일 베이스로 균일적인 맛의 연속식 증류주의 소비량이 비약적으로 늘었다. 반면 젊은 층을 위한 값싼 술이란 이미지가 만연되었었다. 그러다 2000년대 들어서 사람들의 건강취향과 어울려 2차 붐이 이루어졌다. 이로 인해 고구마소주가 폭발적인 인기를 얻었으며 2015년에는 사케(청주)의 출하량을 50년 만에 상회하였다.

이와 같은 붐에 따라 일본의 주류시장 현황을 키워드로 나타내면, 첫째 "저가격 상품 VS 고품질 상품의 2분화"이다. 특색이 있는 고품질 상품이 인기를 얻고 있는 반면 경기침체로 인해 일상 소비용으로 종이팩이나 페트보틀 보장과 같은 저렴한 상품이 늘고 있다.

둘째는 "저 알코올", "무알코올"이다. 건강에 대한 관심 증가에 따라 사케를 베이스로 천연과즙을 넣은 칵테일 등 알코올 도수가 낮은 상품이 개발되어 특히 여성이나 젊은 층의 인기를 받고 있다.

II

일본 청주 사케(이자카야) 시장 현황수

1. 일본 사케 시장 동향

일본 청주의 제조.출고량이 전체 주류 점유율에서 크게 감소하였다. 전체소비는 감소하였으나 고부가가치 제품인 순미음양주 등의 점유율은 증가하고 있다.

청주의 수요가 감소하고 있는 것은 고령화, 인구감소라는 구조적인 요인뿐만 아니라 기호나 생활 습관의 변화, 대체품의 인기, 청주의 상대적 이미지 저하 등에 의한 부분이 크다. 또한 청주 제조업자의 99%이상이 중소기업이며 판매 수량 중 절반 이상은 나머지 1%의 대기업이 생산하고 있어 기업 간 격차가 크다.

청주를 만드는 제조업자를 포함하여 청주에 관련된 종사자들의 고령화와 후계자 문제 또한 심각하다. 주류 도매업체 수도 감소하고 있다. 주류 소매 분야에서는 규제 완화가 진행되어 일반 주판점 대신 마트. 슈퍼마켓 및 편의점에서 주로 소비되고 있다.

한편 가격 결정권을 가진 이들 소매업체가 기존 청주 물류 흐름에 변화를 주어 제조업체가 어려움을 겪고 있기도 하다. 이는 우리나라와 같이 제조업체의 운영권보다 물류.유통 과정의 복잡과 다단계에 따른 횡포를 포함한다.

<表3> 일본 청주관련 업체 개황

구분	제조업체	도매업체	소매업체
사업자수	청주제조업자 1,576명	주류도매업자 598명	주류소매업자 108,011명
주요업체	5,000㎘ 이상 제조업체: 13개업체 다카라주조(주) 등	100억 엔 이상 매출 일본주류판매(주) 등	마트.슈퍼마켓+편의점 35% (일반주판점:53%)
시장점유율	13개 업체 50% 정도	83개 업체 85% 정도	마트.슈퍼마켓+편의점 47%정도 (일반주판점:18%)

자료: 일본 국세청(2015).

1) 사케 소비 동향

청주의 과세이출 수량은 전후 부흥과 함께 쌀 생산량이 증대되어 1973년 청주소비량이 1,766천㎘ 로 최대를 기록하였다. 여기서 과세 이출이란 일본 주세법상의 용어로 제조장에서 외부로 내보내는 수량을 말한다. 1964년까지 청주 가격은 통제가격제도하에 적절한 청주 제조업체 수(청주 제조면허수 4,000여개)로 안정된 모습을 보였다.

하지만 국민소득의 증가와 함께 주류가 다양화되어 1959년 맥주 과세이출 수량이 청주 과세이출 수량을 역전하고 최근에는 소주에도 밀리게 되었다. 2015년도의 청주 과세이출 수량은 601천㎘ 가 되어서 청주 최대 소비년도인 1973년도의 약 34%에 불과하다. 그리고 청주 제조면허수는 1,730개이고, 전체 청주시장 점유율은 약 7%에 불과하다.

일본 청주의 약 80%에 해당하는 대부분은 보통주(普通酒)라고 불린다. 보통주는 쌀로 만든 청주 원액에 증류 알코올과 물을 다량 혼합하여 값싸게 만든 대중적인 제품으로 포도당 등의 당분과 산미료, 화학조미료 등을 첨가하기도 한다.

청주의 20% 정도는 이른바 특정명칭주(特定名稱酒)이다. 이 특별주들은 도정의 정도와 순미(純米) 사용 여부에 따라 최상급의 ①대음양주(大吟醸酒; 다이긴죠슈) 및 순미대음양주 (純米大吟醸酒; 준마이다이긴죠슈), 중간급의 ②음양주(吟醸酒, 긴죠슈) 및 순미음양주(純米吟醸酒; 준마이긴죠슈) 그리고 ③순미주(純米酒; 준마이슈)와 본양조주(本醸造酒; 혼죠조슈)의 3등급으로 나누어진다.

청주 중 특정 명칭의 청주(음양주(吟醸酒), 순미주(純米酒), 순미음양주(純米吟醸酒), 본양조주(本醸造酒) 과세이출 수량을 보면 전체적으로는 감소하는 추세이다.

그러나 유형별로 보면, 본양조주의 점유율은 감소하는 반면 비교적 고급주인 순미음양주(순미주 포함)의 점유율은 상승하여 2015년 2001년 대비 5%이상 증가하였다. 이런 배경에는 청주 제조업자의 고부가가치화 전략이 반영되어 있다.

〈표4〉 특정명칭 청주 유형별 제조수량 내역표

주조연도 유형	2001	구성비	2010	구성비	2015	구성비
	kl	%	*kl*	%	*kl*	%
음양주 (吟醸酒)	34,565	5.2	19,341	4.1	20,311	4.5
순미주 (純米酒)	55,714	8.0	52,439	11.2	51,993	11.5
순미음양주 (純米吟醸酒)	34,702	4.1	28,988	6.2	31,582	7.0
본양조주 (本醸造酒)	102,272	19.4	56,321	12.0	49,266	10.9
계	232,535	36.7	157,089	33.5	153,152	34.0
총이출수량	675,272	100.0	468,878	100.0	450,909	100.0

주: '청주의 제조 상황', 일본국세청(2015).

또한 청주의 소매가격은 최근 하락세가 이어지고 있다. 이는 일본 내 다른 주종에서도 마찬가지이나, 소비감소 등으로 수익성이 약화된 청주업계는 가격까지 하락하여 이중고에 시달리고 있다.

<표5> 2012~2015년 청주 소매가격추이

연도\n지역	2012	2013	2014	2015	4년간\n가격하락
삿포로	1,004	999	980	966	-38
센다이	1,003	980	962	922	-81
도쿄	1,136	1,104	1,057	1,020	-116
나고야	1,089	1,056	1,056	1,028	-61
오사카	1,158	1,076	1,075	1,037	-121
히로시마	1,253	1,203	1,208	1,186	-67
후쿠오카	1,032	1,002	991	961	-71

주: 조사 대상 - 보통주 용기(2,000㎖), 알코올도수 13도 이상 16도 미만.
　자료: 총무성 통계국 소매 물가 통계 조사 결과 (2012~2015).

2) 사케 제조업계 동향

　대부분의 청주 제조업자는 중소업체이다. 청주 제조업자수는 2015
년을 기준으로 전국 1,564개 사업자에 불과하다. 이 중 자본금 3억

엔 이상이고 종업원 수 300명 이상인 대기업은 약 5개사로 99%이상이 중소기업이다. 이 중에는 개인으로 운영하는 90개 사업체도 포함된다. 판매 수량 규모별로 보면, 연간 생산 100㎘ 이하의 기업이 60%을 넘고 있고, 200㎘ 이하까지 범위를 넓히면 약 80%가 된다.

일본 양조기술자조합연합회에 의하면 1985년에는 2,000여명이었던 양조기술자 중에서 2015년에 900여명이 퇴직했다.

따라서 각 도도부현 주조 조합에서는 청주 양조 기술자의 인재 육성 및 확보를 조합의 주요 사업의 하나로서 장려하고 있는 실정이다. 2010년에는 "일본 청주양조 기술자 인증제도"를 시작하여 각지에서 청주 양조 기술자 육성 활동을 지원하고 있다.

3) 사케 시장 일본 내 소비 감소

일본 주류 시장은 전체적으로 감소하고 있으며, 청주는 특히 수요가 장기 하락하는 모습을 보이고 있다. 그 요인들은 여러 가지로 생각해 볼 수 있다.

첫째, 고령화와 인구 감소 요인이다. 2005년부터 일본은 인구 감소 사회로 들어가면서 음주 가능인구의 절대 수가 감소하였다. 그뿐만 아니라 지금까지 청주를 즐겨 온 세대가 고령화로 인하여 주량이 감소한 것도 수요 감소로 이어진다고 볼 수 있다.

둘째, 생활 습관 및 기호의 변화이다. 예전에는 가정에서 주류를 컵에 따라 마시는 저녁식사 반주 습관이 있어 청주가 많이 소비되었다.

셋째, 청주의 높은 대체성이다. 청주를 대체할 주류로 맥주를 비롯해 소주, 와인, 위스키 등 다양한 주류가 넘쳐나고 있다.

넷째, 청주에 대한 이미지 추락이다. 이미지 측면에 있어 와인이나 위스키 등에는 '신사' 와 같은 이미지가 있다.

반면 청주에 대해서는 '구세대' 등 대체로 부정적 인상이 강하다. 또 팩으로 만든 청주 등으로 저 가격대의 상품이 증가함에 따라 청주의 전반적인 이미지가 훼손되었다.

2. 일본 사케, 국가 수출 관리전략

1) 일본 국가 관리품목 사케

일본 정부에서는 2012년 청주, 본격소주 등을 일본 국주로 하여 국가차원에서 적극적인 수출지원 정책을 수립하여 실행하고 있다.

본 프로젝트는 2012년 5월에 국가전략실이 설립한 「Enjoy Japanese Kokushu(국주: 國酒)」라는 구호로, 전략실을 사령탑으로 국세청, 농림수산성, 경제산업성 등 8개의 관계부처가 제휴하였다.

2020년에 식품수출액 12조 엔을 내세우는 일본정부가 일본 술을 주요 수출 상품으로 채택한 것은 그 장래성에 기인한다. 경기저조나 무알코올 시장 성장으로 일본 국내 청주판매량은 2000년부터 10년간 약 40% 감소하였지만, 수출액은 15년간 약 2.7배 증가하여 2015년 87억 7,600만 엔에 달하였다.

인지도는 와인에 비해 열세이지만, 다양한 식재에 잘 어울리는 등 그 잠재력이 매우 높다고 판단한 것이다. 이에 청주를 채택하였고 본격적으로 소주까지 포함시켜 수출을 촉진하기로 한 것이다. 일본 국가전략실에서는 청주, 본격소주의 수출을 위하여 거점지역을 뉴욕(미국), 파리(프랑스), 런던(영국), 홍콩(중국)등을 우선적으로 선정하였다.

이곳은 수많은 관광객들로 인해 주류 등 음식에 대한 파급력이 높은 곳으로 거점지역에서 중점적으로 홍보하고 판매를 확산시키는 것이 큰 효과를 볼 수 있다는 판단이다.

국가전략실에서는 각 대상지역에 대한 시장별 특성을 분석하고 일본 소주 수출에 규제가 될 만한 부분 등을 점검하였다. 시장별로 살

펴보면 뉴욕에서는 일본의 소주와 한국의 소주가 경쟁하고 있는 점과 하드 리커 라이센스가 필요한 점을 일본 소주 업체에 알려주고 있다. 또한 파리와 런던의 일식레스토랑에서 소주에 대한 반응이 거의 없는 점을 개선하려고 노력하고 있다.

홍콩은 중국 본토의 출하 거점이라는 차원에서 홍보 및 수출지원 등의 정책을 펼쳐나가고 있다.

〈표6〉 일본 소주, 청주 수출 거점지역 수출량, 특징, 규제

구분		거점지역			
		뉴욕	파리	런던	홍콩
소주	수출량	2.8억엔(2015)	0.06억엔(2015)	0.09억엔(2015)	2.9억엔(2015)
	특징	○소프트 주류는 하드 주류의 200~300배 시장규모 ○본격소주는 25도 이상의 하드 주류가 많아서 고전하고 있음 ○일식레스토랑에서 본격소주는 많이 보이지 않음	○일식레스토랑에서도 본격 소주는 별로 보이지 않음 ○일식레스토랑에서는 일본주 다음으로 일본산 위스키가 인기있음	○일식레스토랑에서도 본격소주는 별로 보이지 않음	○홍콩에서의 평가가 중국본토(상하이 등)으로 출하 거점이 될 가능성

	규제	◦25도 이상의 알코올취급에는 라이센스가 필요	◦25도 이상의 주류 용기법 적용	◦25도 이상의 주류 용기법 적용	◦30도 넘는 주류에는 주세100%
	수출량	32.4억엔(2015)	0.9억엔(2015)	2.0억엔(2015)	15.3억엔(2015)
청주	특징	◦청주 해외시장 No.1 ◦현지생산 80%, 수입20% ◦뉴욕, LA, 샌프란시스코 소비 중심, 최근시카고로 시장확대 ◦브랜드 인지도가 있어서, 고가격대의 상품도 판매 ◦규제: 관세가 높고, 청주, 소주 둘다 주류담배무역관리국(TTB)에 등록이 필요, 등록에는 3개월~1년 정도 기간이 필요	◦음식의 중심, 파리에서 인정 되면 유럽전체에 퍼질 가능성 ◦고급레스토랑, 저가 레스토랑에서 소비되는 양극화 진행 ◦고급레스토랑에서 소비되는 것은 브랜드가 알려져있는 것임 ◦한편 저가 레스토랑에서 서빙되는 것은 중국의 백주도 같은 청주로 분류되어 소비자에게 오해를 주고 있는 경우도 있음	◦영국에서의 평가가 유럽 전체로의 브랜드 확립에 공헌할 가능성 ◦프랑스에 비해 중급 레스토랑에서도 청주를 제공하는 가게도 있어 인지도는 높은 편임	◦홍콩에서의 평가가 중국본토(상하이 등)로의 출하 거점이 될 가능성 ◦2008년의 면세(30도 이하)에 의해 청주와 와인의 수입 확대 ◦청주의 위상이 높고 일식 레스토랑에서는 고급부터 일반까지 풍부한 종류 제공 ◦공급이 과다하면 품질저하 및 이미지 저하의 악순환 위험

자료: 일본 국가전략실(2015).

2) 일본 주류 혼합 음료 시장

일본 알코올혼합음료(Ready to Drink, RTD) 시장은 5년 연속 성장세를 보이고 있다. 여기서 알코올혼합음료는 양조주나 증류주, 리큐르 등에 주스, 차, 물, 탄산수 등을 섞어 알코올 도수 10% 미만으로 한 저알코올 상품이다.

보드카와 연속식 증류소주를 감귤 주스에 섞어 알코올 도수 5~6%로 한 사워(SOUR) 등이 대표적인 상품이다.

2012년 알코올혼합음료 출고량은 약 73.8만㎘로 전년에 비해 4% 정도 증가하였으며, 2013년에는 75만㎘로 2012년 대비 2% 증가하였다.

2018년 알코올혼합음료시장은 저알코올화, 단맛을 선호하는 신규 수요가 확대되어 가고 있어 기능성 알코올혼합음료 시장과 함께 앞으로도 성장세를 지속할 것으로 보인다.

〈그림1〉 2008~2018년 일본 알코올혼합음료(RTD) 시장 추이

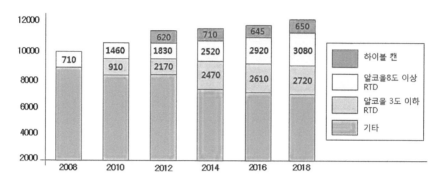

주: 본 통계는 산토리 회사 추청치임, RTD 1케이스(250㎖x24ro, 6리터 환산).
자료: 일본 산토리社.

기능성 알코올혼합음료 시장은 칼로리가 없거나, 당류(또는 설탕)가 제로인 알코올 혼합음료를 말한다. 최근 건강지향 추구의 영향을 받아 기능성 알코올혼합음료에 대한 사회적 요구가 증가함에 따라 앞으로도 이러한 추세가 지속적으로 늘어날 것으로 예상된다. 기능성 알코올혼합음료 시장은 2008년 18만㎘, 2010년 22.4만㎘, 2012년 24.8만㎘, 2014년 26.3만㎘, 2016년 28.8㎘, 2018년 30.5만㎘로 성장하고 있다.

국세통계연보에 따르면 우리나라 국내 주류시장에서 전체 주류 출고량은 2015년 383만㎘로 전년(373만3천㎘) 대비 2.6% 소폭 증가하였다. 2009년에는 세계 경기 침체에 따라 2.1% 감소하였고, 2010년에는 2.7% 소폭 상승하였다. 우리나라의 주류시장은 소폭 상승.감소가 이어지면서 정체되어 가고 있다. 일본에서는 주류 소비가 정체되어 기업 측면에서는 해외시장 개척, 신제품 출시 등으로 대처하고 있고, 국가적으로는 국주 수출전략수립 등으로 돌파구를 마련하고 있다.

3. 일본 장사의 신(神) 우노 타카시

1) 도쿄의 작은 거인 우노 타카시

우노 타카시의 인기는 그가 쓴 저서의 판매 부수에서도 볼 수 있다. 그의 저서 「창업의 신」은 현재까지 70쇄를 훌쩍 넘긴 판매고를 기록하고 있다. 창업 관련된 책이 평균 3~5쇄를 넘기는 일반적 사례와 비교한다면, 그의 인기와 통찰력을 많은 이들이 흠모하고 있다고 봐도 무방하다. 청년 창업자들에겐 위인까지는 아니더라도 '멘토'로서 역할을 충분히 해주고 있다.

우노 타카시는 칠순이 훨씬 넘은 나이에도 여전히 현장에서 직원들을 관리하고 메뉴를 개발하는 등 왕성한 활동을 하고 있다. 도쿄 시내에만 개인 매장을 20여개 운영중이며 도합 연매출 200억원이 넘는 작은 매장 운영의 대가이다. 그에게 장사를 배운 직속 수제자들은 일본 전국에서 연일 활기찬 매장을 운영하고 있다. 소규모 매장으로 일가를 이룬 것이다.

이런 결과가 나올 수 있는 그만의 노하우는 무엇일까? 우노 타카시는 일본식 주점인 이자카야를 운영하면서 이런 생각을 했다고 한다. "밀을 재배하는 사람, 술병을 만드는 사람들은 고생해서 그 제품을 완성하지만 나는 그저 병뚜껑을 따는 것만으로도 원가의 2배 이상을 벌 수 있다. 얼마나 쉬운가. 중요한 것은 그 제품을 포장하고 이야기를 덮어씌울 수 있는 능력이다."

제품을 직접 만들지 않고 주문만으로도 전국의 식재료를 모두 구매할 수 있고 친절함이 매장에 배어 있다면 고객은 항시 찾아오니 이보다 더 편한 일이 있겠는가라는 이야기다.

그런데 여기서 한 가지 놓치지 말아야 할 것이 있다. 바로 '이야기' 이다. 마케팅 쪽에서는 이를 '스토리텔링' 이라 일컫는다. 쉽게 예를 든다면 '시원한 맥주' 라는 표현보다 '한 낮의 더위를 한방에 날리는 얼음 속에서 막 꺼낸 맥주' 가 고객들의 소비 욕구를 더 자극할 수 있다는 것이다.

2) 스토리텔링의 힘

최근 한 방송사에서 스토리텔링 관련 테스트가 방영됐다. 발렌타인데이, 서울 시내 번화가에 두 개의 사과 판매 좌판대(매대)가 세워진다. 물론 사과는 가격이나 품질이 똑같은 사과들이다.

차이점이 있다면 판매 방식이다. A좌판에서는 '최고의 맛 신선한 사과'로 홍보했고, B좌판에서는 '발렌타인데이 사과를 선물하세요! 당신의 사랑이 더욱 달콤하게 전달될 겁니다'라고 홍보했다. 결과는 어땠을까?

눈에 띌 정도로 B좌판의 판매 비율이 올라갔다. 같은 가격에 같은 제품의 사과를 같은 거리에서 팔았는데 왜 차이가 난 것일까? 이유는 간단하다. 소비자가 공감할 수 있는 이야기로 공감을 이끌어냈기 때문이다. 이러한 스토리텔링의 성공 사례는 최근 사례만 들어도 차고 넘치도록 많다.

하루 수백 개의 광고와 수천 개의 브랜드에 노출돼 있기 때문이다. 이런 소비자들에게 그저 최고의 품질 최고의 맛이 아닌, 그들이 공감하고 또는 주목할 수 있는 이야기를 담아 알리는 것이 어떨까.

현대그룹 정주영 회장의 일화도 훌륭한 사례이다. 그가 울산의 지도와 거북선이 그려진 500원 지폐로 영국에서 돈을 빌려 온 것은 지금도 회자되는 이야기다. 만약 현대그룹 약력을 연도순대로 꼽는다면, 누구도 관심을 갖지 않을 것이다. 그러나 정회장의 일화는 듣는 이의 호기심을 자극하고, 공감 능력을 이끌어 낸다.

최근에도 여러 기업들의 판매 매출을 통해 이러한 성공 사례가 발생되고 있다. 최근 AI 등 인공지능에게 인류가 추월당할 수도 있다는 인식이 전 세계적으로 퍼져 나가고 있다. 인간의 소외감은 문명의 발전과 비례해 커가고 있다.

직업뿐 아니라 일상의 중심에서 밀려날 수 있다는 심리적인 압박이 소외감으로 표출되고 있는 것이다. 이럴수록 사람들은 공감할 수 있는 편안한 이야기를 찾게 된다. 이러한 심리를 활용하고 적절히 배치시키는 스토리텔링 마케팅은 업종과 무관하게 중요한 의미를 갖는다.

3) 매장은 즐거워야 한다

매장 내 즐거움이라는 것은 비단 고객뿐만 아니라 가게를 운영하는 사람 입장에서도 꼭 필요한 것이라고 우노 타카시는 말하고 있다. 매장이 즐겁고 친절도가 여타 매장에 비해 더 살가워, 특정 매장만을 고집하는 고객들이 있다.

방문하는 고객이 즐거움을 느끼려면 당연히 매장에 일하는 종업원들이 활기가 넘쳐야 한다. 그 대표적 예로 어느 커다란 돈가스 매장이 신장개업을 했다. 바로 옆의 돈가스 매장을 위협할 정도의 크기와 아웃테리어의 매장이었다. 하지만 고객들이 자리에 앉자마자 보이는 것은 종업원들의 어두운 표정이었다. 약속이라도 한 듯 모두가 같은 분위기로 서빙을 하고 있었다. 해당 매장 간판에 캐리커처로 그려진 매장의 대표를 유심히 보았다. 그곳의 대표 또한 같은 표정이었다. 간판 속 캐리커처의 밝은 웃음 대신 심통이 잔뜩 난 얼굴. 대체 무슨 일이 벌어진 것인지 머리위에 비 내리는 먹구름이 따라다니는 이런 분위기는 예상을 하지 못했다. 주문하기도 쉽지 않은 상황이었다.

　홀에서 근무하는 직원들이라고 해도 24시간 항시 친절 서비스는 불가능하다. 매장 운영이 사람을 상대하는 일이다 보니 별별 트러블이 다 생기고 억울한 일을 당하는 경우도 다반사일 것이다.

　중요한 것은 이러한 문제가 발생할 때, 노련한 해결능력이 필요하다는 것이다. 트러블이 생겼을 때 이를 매니징 하는 것은 홀 매니저나 대표의 몫이다. 그러한 중책을 맡은 이들이 직원들과 같은 상황이라면 곤란하다. 이를 바라보는 고객들은 상황을 몇 배로 부풀려 생각할 수도 있고, 재방문 비율에도 영향을 미친다.

웃음과 즐거움은 매장을 운영하는 한 사람 한 사람인 직원들에서 부터 출발해 고객들에게 번진다. 매장 내 공동체를 좀 더 긴장시키고 편안하게 만드는 몫 또한 대표의 중요한 업무 중 하나이다.

우노 타카시는 "전국에서 가장 맛있는 집은 불가능하지만 가장 즐거운 집은 0.5초면 된다. 내가 마음먹기에 달려 있다"고 말하며 "100엔숍이 생겼다고 모든 제품이 100엔이 되는 것이 아니다. 차별화 전략이 중요하다. 내 매장만의 즐거움과 드라마를 만드는 것은 매우 중요하다"며 가격이 전부가 아님을 주장한다.

이와 같이 매장서비스 관리와 운영은 순수하게 인적 서비스에 의해 이루어지는데 최접점 서비스의 포인트로 당해 매장의 품격, 영업의 질을 결정할 수 있다는 점에서 매장관리의 중요성을 갖는다.

III

정통 이자카야(사케) 명품브랜드

1. 이자카야 정통 사케의 맛을 추구하는 브랜드

1) 정통 로바다야끼의 진수를 보여주는 〈미타야 로바다야끼〉

'화롯가에서 굽다' 라는 뜻의 로바다야끼는 매일 고른 수십 가지의 싱싱한 재료를 고객이 보는 앞에 전시해두고 직접 구이 요리를 해주는 곳으로 일본에서도 워낙 전통적인 곳이라 요즘은 쉽게 찾아보기 힘들다.

입구에 들어서자마자 '이랏샤이마세(어서 오십시오)' 라는 낭랑한 외침과 함께 이곳이 어딘지 눈을 의심할 만큼 이국적인 풍경에 압도되고 만다. 일본식 인사에 당황한 고객들이 발걸음을 돌려 나가는 웃지 못할 경우도 있었다고 하니 알만하다.

야끼바 안쪽의 화롯가에는 일본 식당에서나 볼 수 있는 복장을 한 직원이 꼬치나 생선을 굽고 그 주변에는 싱싱한 재료들이 차가운 얼음 위에서 신선도를 유지하며 줄지어 있다. 고객들은 메뉴판을 보고 그때그때 먹고 싶은 구이나 꼬치를 주문하면 선택된 재료는 화로 위로 직행한다. 꼬치를 굽고 있는 직원 옆에는 커다란 주걱이 있어서 손님에게 안주접시를 직접 전해주는데 독특하고 재미난 풍경에 다들 즐거워한다.

여자친구와 함께 이곳을 찾았다는 한 고객은 "일본에 갔다가 처음으로 사케를 접하게 됐는데 맛과 향을 즐기는데 있어서 상대적으로 와인에 비해 쉬운 것 같다. 깨끗하고 부드러운 맛이 사케의 가장 큰 매력이라고 생각한다. 처음 접하는 분들이라면 부드러운 맛이 좋은 차가운 사케로 시작해서 진한 향과 맛을 주는 뜨거운 사케로 옮겨가는 것이 좋을 거라고 생각 한다"고 초보자를 위한 조언을 했다.

그리고 "보통 소주를 마실 때는 특유의 향 때문에 힘들었는데 사케는 깨끗한 맛이 좋고 특히 '나마죠죠'는 여성들에게 권하고 싶다"며 "추운 겨울날 따끈한 오뎅과 뜨거운 사케 한잔 곁들이는 재미를 많이들 느껴봤으면 좋겠다"고 전했다.

이곳 대표는 "사케나 일본 소주를 처음 접하는 분들이 이것저것 물어올 때면 영업일선에서 종사하는 사람으로서 많은 책임감을 느끼고 '문화 전도사'로서 역할을 다시금 되새기게 된다"고 한다. 30여 종에 가까운 다양한 사케와 일본 소주가 준비되어 있고, 일본 현지에서 즐겨 마시는 와인들은 한국에서는 쉽게 접하기 힘든 또 다른 풍미를 전해준다. 직접 고른 꼬치 몇 개와 일본식 안주에 곁들인 술 한 잔이면 퇴근 후 삼삼오오 모여앉아 이런 저런 얘기를 나누는 일본 사람들의 생활이 그대로 느껴져 온다.

(전화: 02-545-6047)

2) 정통일식의 자부심을 지키는 〈가네가와〉

350평의 넓은 매장 안에 다양한 크기의 17개 룸을 갖추고 있어서 각종 비즈니스 미팅 장소로 애용되고 있는 정통일식점 〈가네가와〉는 지난 2005년 문을 열었다. 완도에서 직접 올라오는 신선한 해산물을 중심으로 품격 높은 일식을 즐길 수 있다.

정통 일식점에서 즐기는 사케는 좋은 안주와 분위기로 품격있는 자리에 어울릴 수 있는 프리미엄급 제품들을 위주로 모임의 특성에 따라 다양한 사케가 판매되고 있다. 특별한 날에는 '고모다루(1.8 l)'를 점심식사에는 간단한 '더컵(200ml)'을 여성들이 있는 자리는 '나마죠조'가 비즈니스 미팅에는 '준마이 다이긴죠'가 놓여지고 있다.

이곳 점주는 "예전에 비해 사케를 먼저 찾는 분들이 많이 늘었다"며 "최근에는 '지사케'를 찾는 분도 있을 정도로 고객의 요구가 다양해지고 있어서 지속적인 관심을 갖고 있을 정도로 마니아가 증가하고 있음을 피부로 느끼고 있을 정도로 재방문 고객이 주류를 이룬다. 특히 정통 사케 고유의 맛을 찾아오는 이들이 많다는 것도 〈가네가와〉만의 장점이다. (전화: 02-856-6677)

3) 최초의 일본식 선술집 프랜차이즈 〈쇼부〉

사케, 그리고 사케를 즐길 수 있는 문화의 대중화에 큰 역할을 한 곳은 아마도 일본식 선술집을 국내 200여개 까지 늘리며 성공적인 프랜차이즈로 정착한 〈쇼부〉이다.

〈쇼부〉는 2001년 서울 용산구 한남동에서 일본 술과 일본 요리 안주로 영업을 시작해 탄탄대로를 걸었다. 그러나 고객들이 그 이상의 것, 〈쇼부〉 안에서 일본을 느끼고 일본의 문화를 즐기기 원함에 따라 '한국 속의 작은 일본'을 콘셉트로 수차례 현지 탐방을 통하여 매장 구조와 실내장식 및 소품, 직원의 복장과 인사말, 고객을 응대하는 방법까지 일본식 주점의 특성과 장점을 최대로 살려 도쿄 한복판의 선술집을 그대로 옮겨놓은 듯한 이국적 분위기를 재현하도록 했다. 또 지역 및 상권별로 특징 있는 테마를 부여해 고객에게 특별한 서비스를 제공했다. 그 결과 일본 문화를 느낄 수 있는 조용하고 건전한 주류외식 문화 공간으로 자리매김 하게 되었다.

서울의 대표 상권에 위치한 종로점 점장을 만나 얘기를 들어보면 종로점이 처음 문을 연 4년 전만 해도 중장년 층 위주로 사케를 따뜻하게 데워 마시는 것이 보통이었는데, 지금은 젊은 층이 많이 찾아오며 여름에는 냉사케를 많이 찾는다고 한다. 그리고 흔치 않은 사케를 찾는 고객도 많고 사케에 대한 지식도 많이 늘어난 것을 볼 수 있다고. 손님을 맞이할 때 일본어로 인사하고, 접객할 때 일본어를 구사한 후로는 고객이 늘어났으며, 일본인들이 많이 찾아와 테이블 단가가 올라가고 회전률이 부쩍 좋아져 매출이 확실히 증가했다며 사케가 예전보다 보편화 되면서 인식도 높아지고 있음을 피부로 느끼고 있다. (전화: 02-722-8665)

4) 청주(사케)와 함께 즐기는 수제오뎅의 참맛 〈오뎅사께〉

사케를 즐길 수 있는 다양한 곳 중에서 가장 소박하고 따뜻한 시간을 보낼 수 있는 곳이라면 역시 오뎅바가 아닐까 한다. 사람들과 가까이 앉아 각종 어묵을 골라먹으며 도란도란 이야기를 나누는 맛은 오뎅바만의 매력이다.

〈오뎅사께〉는 맛과 크기가 동일한 수제어묵을 원팩으로 전국 오뎅사께 매장에 전달한다. 직영점 1호인 강남점은 강남역 상권의 외곽에 위치하고 있지만 단골고객이 꾸준히 늘어나고 있다. 어묵 이외에 다양한 퓨전요리와 한 해에 두 번 출시되는 신메뉴가 사랑 받고 있으며, 사케를 찾으면 언제나 상세하게 설명해주는 점원들이 있기 때문이다. 부드럽고 단맛이 나 여성들이 선호하는 '우마구치효베이'

와 쓴맛과 강한 느낌이 있어 남성들이 선호하는 '탄레이카라구치팩'을 비롯한 10여 종의 사케는 겨울에 인기가도를 달리고 있다. (전화: 02-525-4949)

5) 토탈 퓨전 레스토랑을 표방하는 〈피어 에비뉴(Pier Avenue)〉

육지에서 바다를 향해 쭉 뻗어있는 나무말뚝들 위에 놓인 다리 같은 구조물이 바로 피어(Pier)다. 해안가를 배경으로 한 영화에서 석양을 바라보며 피어를 걷는 연인의 모습을 떠올리면 '자유', '편안함'과 같은 단어들을 쉽게 떠올릴 수 있다.

이곳은 어떤 음식이든 어떤 술이든 경계를 긋지 않고 다양하게 만나 볼 수 있다. 바로 〈피어 에비뉴〉가 지향하는 바다. 연어와 아스파라거스, 가리비구이, 사시미, 스파게티에서 와인, 사케, 맥주에 심지어 '참이슬'과 '처음처럼'도 만날 수 있다.

이곳에서 만나는 사케는 어떤 자리에서도 쉽게 어울릴 수 있는 무난한 제품들이 주류를 이루고 있다. 30대 중후반의 직장인 남성들이 간단한 식사와 더해서 히레사케나 나마죠죠를 즐기는데 요즘은 냉사케(Cold Sake)가 더 많은 인기를 얻고 있다. 와인은 간단한 스낵류와 곁들여 즐기는데 고객들의 취향이 다양해지면서 직접 리스트를 보고 고르는 경우가 많아졌다.

〈피어 에비뉴〉에서 만끽하는 사케의 즐거움은 자유와 편안함을 추구하는 가게의 콘셉트처럼 여타의 장소에서처럼 형식이나 메뉴의 구속을 받지 않고 어떤 음식이나 술과도 퓨전해서 함께 즐길 수 있다는 점에 있다. (전화: 02-2129-4949)

2. 유니크한 명품 사케가 뜨고 있다

보통 사케 하면 날씨가 추워질 때 따뜻하게 마시는 술로 인식된다. 또한 이자카야에서 회 혹은 나베와 같은 일본풍 요리에 곁들여 마시는 것이 일반적인데 젊은층에게 인기가 높은 청담동의 핫 플레이스에서 소비자에게 판매 행사를 했다는 것 자체가 의문이었다.

당시 디브릿지 열린 사케 칵테일 론칭 행사에서는 일본 사케 칵테일 개발의 선구자로 불리며 긴자를 비롯해 30곳에 히비야 바(HIBIYA BAR)라는 사케 칵테일 전문 바를 운영중인 토시하루 야마모토가 게스트 바텐더로 참석했다. 이 같은 론칭행사는 기존 위스키 브랜드들이 주로 했던 행사인데 사케 업체가 나섰다는 점이 주목할 만하다.

이처럼 최근 치즈를 안주로 사케를 마시거나 샴페인 잔에 따라 사케를 즐기고 라운지 바에서 사케 칵테일을 주문하는 젊은층이 늘고 있다. 이른바 '유니크 사케' 다.

이 같은 변화는 일본에서부터 시작했다. 일본의 전통주인 사케는 한때 두터운 소비층을 바탕으로 오랜 전통과 담백한 음식과의 조화를 강점으로 인기를 끌었지만 고리타분한 퇴물로 취급 받기 일쑤였다. 주 소비층의 고령화와 와인과 맥주의 인기 그리고 세계 음식에 대한 선호 증가 등을 이유로 계속해서 시장이 위축된 탓이다. 하지만 최근 들어 일본 내에서도 새로운 변화를 위해 젊은 사케 양조인들을 중심으로 새로운 시도가 이어지면서 개성강한 이른바 '유니크 사케' 들이 속속 등장하기 시작했다.

유니크 사케는 국내에서도 젊은층 사이에서 점차 관심을 끌고 있다. 국내 사케 시장에서도 사케를 마시는 방법과 장소가 다양화되기 시작한 것이다.

특히 방송 등을 비롯한 미디어 노출에서도 고스란히 나타나고 있다. 인기리에 방영됐던 MBC드라마 '캐리어를 끄는 여자' 에서 주인공 차금주(최지우), 함복거(주진모)의 한강 선상레스토랑 데이트 장면에서 마셨던 스파클링 사케 미오는 파란색 병과 샴페인 잔 때문에 와인으로 오해 받기도 했다. 방송이후 이 사케는 여성들에게 인기가 높은 사케가 됐다. 스파클링 사케 미오는 상쾌한 거품으로 사케가 아닌 샴페인을 마시고 있다는 착각을 불러일으킬 정도로 알코올 도수도 5도로 부담 없이 즐길 수 있다. 적절한 감미와 산미가 밸런스를 유지하고 있어 언제 어디서든 가볍게 즐길 수 있다는게 특징이다. 특히 여성들과 고도주에 대한 부담감이 있는 소비자들에게 제격이다.

니혼슈코리아가 수입유통하고 있는 와인효모로 만든 사케 '카오리 하나야구 준마이'도 와인을 즐기는 소비자들로부터 호응을 얻고 있다. 카오리 하나야구 준마이는 와인 양조에 쓰이는 효모를 사용해서 사케를 생산한다. 이로 인해 풍부한 과실 향과 더불어 화이트 와인을 연상시키는 산미를 가진 사케로 입소문을 얻고 있다. 특히 사케 특유의 깊은 감칠맛과 깔끔한 목 넘김 등 장점은 그대로 살아 있어 단순한 와인의 모방에 그치지 않고 새로운 영역을 만들었다는 평가를 받았다.

1) 한국경제에 소개된 간바레오또상

무명의 일본 술 '간바레오또상'의 기적으로 10년만에 판매율이 53배나 늘었다. 우유팩같은 사각 종이곽에 든 사케(일본 청주) '간바

레오또상(がんばれ父ちゃん)'은 가격이 저렴하고 맛이 부드러워 한국에서 '대중 사케'로 통한다. 젊은층 사이에서 특히 인기가 많아 국내 팩 사케시장 점유율이 70%에 달한다. 하지만 간바레오또상이 정작 사케의 본고장 일본에서는 아는 사람이 거의 없는 무명(無名)의 술이란 점을 아는 국내 소비자는 많지 않다.

바다 건너 한국에서 이 술의 운명을 180도 바꿔놓은 주인공은 간바레오또상 국내 독점수입을 맡고 있는 태산주류의 대표다. 일본에서 간바레오또상을 수출하는 유통업체 니가타슈한의 이케다 회장마저 '한국에서 이만큼이나 성공할 줄은 전혀 예상 못했다'며 놀라워한다. 일본에서는 제조공장이 있는 니가타현을 조금만 벗어나도 파는 곳을 찾기가 어려운 술이다. 하지만 한국에선 2006년 시험 삼아 8700개만 들여온 물량을 한해 46만개까지 53배로 늘릴 만큼 폭발적 인기를 끌고 있는 것이다.

요즘 한국 이자카야에서는 팩으로 된 사케를 흔히 볼 수 있지만 일본에선 유리병에 든 사케를 병째 팔거나 잔에 따라 판매하는 경우가 대부분이다. 팩 사케는 주로 가정 내 음주를 희망하는 소비자들을 위해 마트나 편의점 등에서만 팔린다. 한국에 이자카야가 속속 들어서던 2000년대 초까지는 국내 이자카야들도 사케를 병째나 잔 단위로 팔았다.

대표는 2003년 이례적으로 팩 사케 수입을 시작했다. 일본 주류업체 메르시안의 900㎖ 용량 '우마미히토스지 엔베이'가 선택을 받았다. 그는 "당시만해도 이자카야는 한국에서 고급 술집으로 인식됐지만 사실 일본에선 서민적 술집이었다, 한국에도 이자카야를 대중화할 여지가 있다고 생각했다. 모임 때 비교적 많은 술을 마시는 한국인의 음주문화도 고려했다. 한국 사람들은 넉넉하게 마실 수 있는 술을 선호하기 때문에 저렴한 팩이 잔 단위로 비싸게 파는 술보다 확장가능성이 있다고 봤다"고 설명했다.

그의 예상은 적중했다. 국내 유일한 900㎖ 팩이었던 우마미히토스지 엔베이는 국내 이자카야에서 날개 돋친 듯 팔려나갔다. 따로 홍보할 필요도 없었다. 이자카야 업주들이 "팩에 일본어가 잔뜩 써있어 일본풍 분위기를 더한다"면서 빈 팩들을 전시용으로 가게 곳곳에 진열해놨기 때문이다. 수입한지 얼마 되지 않았을 때부터 한 달에 한 컨테이너씩은 팔려 나갔다.

2) 간바레오또상과의 운명적 만남

팩 사케 수입은 그에게도 큰 도전이었다. 태산주류는 1990년 설립이후 10여년간 중국산 고량주를 중점 수입했다. 경쟁이 치열해지고

유사품이 난무하면서 수입 고량주 시장이 정체되자 사케에서 돌파구를 찾은 것이다. 우마미히토스지 엔베이가 대성을 거두면서 이 술은 태산주류의 주력 상품으로 등극한 것이다.

하지만 2006년 우마미히토스지 엔베이의 수입 단가가 크게 오르면서 대표는 새로운 도전과제에 맞닥뜨렸다. 가격경쟁력으로 이자카야계에서 승부를 보기 어려워진 것이다. 때마침 일본 니가타현 서울 사무소에서 "니가타현에서 생산하는 술을 수입해보지 않겠느냐"는 제안이 왔다. 그는 고급 사케 수입으로 활로를 열어볼 생각으로 니가타현의 주류업체 '니가타슈한'을 찾았다. 하지만 원하던 고급 사케 수입 협상은 잘 진행되지 않았다.

별다른 소득 없이 귀국편 비행기를 타러 공항으로 가는데 니가타슈한의 영업담당자가 "저렴한 팩 제품이 있는데 한 번 보겠냐"며 갑작스런 제안을 했다. 밑져야 본전이었다. 그는 비행기 시간에 쫓기던 중 공항 근처 편의점에 잠시 들렀다. 그 곳에서 간바레오또상과의 '운명적 첫 만남'이 이뤄졌다.

대표는 "간바레오또상을 본 순간 첫눈에 반했다"고 회고했다. "'아빠 힘내세요, 우리가 있잖아요'라는 노랫말의 TV광고가 유행하던 때였다. 일본어로 '아빠 힘내세요'라는 뜻인 '간바레오또상'을 보는 순간 눈을 뗄 수 없었다.

팩에 그려져 있는 짙은 콧수염에 불그스름한 얼굴을 한 캐릭터도 소비자의 눈길을 끌 수 있을 것이라 생각했다. 원래 수입하려던 고급 사케보다 더 나을 것 같다는 직감이 왔다. 그는 그 자리에서 바로 간바레오또상 수입을 결정했다.

3) 품질 위에 스토리를 입히다

대표가 우마미히토스지 엔베이 수입으로 닦아놓은 판로는 간바레오또상 유통에도 큰 힘이 됐다. 하지만 후발 수입 상품인 간바레오또상이 우마미히토스지 엔베이를 제치고 국내 팩 사케 시장에서 1위에 등극할 수 있었던 건 간바레오또상만의 강점과 그에 최적화된 전략 덕분이었다.

간바레오또상이 생산되는 니가타현은 '쌀의 고장'으로 불린다. 이곳에선 양조 목적의 쌀을 따로 재배한다. 간바레오또상은 물 좋고 쌀 좋기로 유명한 니가타현 고시히카리(벼 품종)로 만들어 맛이 특별하다. 쌉쌀한맛(가라구치)과 단맛(아마구치) 사이에서 완성된 특유의 맛은 사케 애호가뿐만 아니라 처음 사케를 접하는 사람도 편하게 즐길 수 있다는 설명이다.

또한 그는 제품의 강점 위에 '스토리'를 입혔다. 불경기로 고생하는 가장들에게 간바레오또상이 위로가 되길 바랐던 것이다. 아빠를 응원하는 간바레오또상이 단순한 술을 넘어 문화로 만들려 노력했다.

그는 니가타슈한 측에 간바레오또상 캐릭터를 그려 넣은 술잔, 티셔츠, 앞치마 등을 제작하자고 제안했다. 수출업체 측이 해외 저변 확대를 위해 수입업체에 요구할법한 사항을 되레 역제안한 것이다. 그렇게 만들어진 상품이 전국 각지의 이자카야에 공짜로 배포되면서 간바레오또상의 유통이 크게 늘었다.

다른 이들이 간바레오또상 캐릭터를 무상으로 사용하는 것도 허용했다. 여러 경로를 통해 간바레오또상이 사람들에게 각인될 수 있다면 이보다 더 좋은 홍보수단은 없을 것이라고 생각한 것이다.

한국에서의 폭발적인 인기는 일본에 역으로 영향을 줬다. 니가타현을 조금만 벗어나도 파는 곳이 없던 간바레오또상이 일본 최대의 종합할인매장 '돈키호테' 후쿠오카점에 입점했다. 그리고 다음해부터는 전국으로 유통될 정도였다. 이로 인해 대만과 캐나다는 한국 교민들의 요청으로 2013년부터 간바레오또상을 수입하기에 이르렀다.

4) 일본 전통주 붐을 이끈 선두주자 〈이시모토주조(주)〉

지난 2014년 2월 18일, 서울 웨스틴 조선호텔 일식 레스토랑 스시조에서 일본 사케의 명품산지로 통하는 니가타현 사케 이벤트가 펼쳐졌다. 일본 니가타현을 대표하는 코시노칸바이(越乃寒梅), 죠젠미즈노고토시(上善如水), 쿠보타만주(久保田万寿) 등의 최고급 사케들이 한국의 애주가를 찾았다.

이날 가장 인기를 모은 사케는 일본 내 사케 붐을 불러온 니가타 대표 청주인 이시모토주조(주)의 코시노칸바이(越乃寒梅). 일본 내에서 저명한 애주가들의 사랑을 독차지하고 있는 브랜드이자, 한국에서도 기품 있는 맛으로 프리미엄 사케 시장에서 인지도를 급격히 넓혀가고 있는 사케다.

프로모션을 위해 방한한 이시모토 타츠노리의 대표는 "한국 내 사케 붐이 가속화되며 코시노칸바이의 지명도가 크게 확대되었다"고 말문을 열었다. 프리미엄 사케인 코시노칸바이를 양조하는 이시모토주조는 1907년 문을 연 110년 역사의 역사 깊은 양조장이다.

전후 일본 내 쌀 부족으로 양조알콜과 당류 등의 화학첨가물을 사용한 저가의 사케가 시류였던 당시에도, 그 유행에 편승하지 않고 일본 사케 본연의 전통 공법을 지켜내며 일본 내 많지 않은 장인정

신을 지켜온 양조다. 추운 겨울을 이겨낸 아름다운 매화'에서 유래한 '코시노칸바이'의 매력은 조화로운 맛이다. 무엇보다도 조화로운 맛을 중시하여 전통적인 주조방법을 지키고 있는 것이 맛의 비결이다.

부드러운 향과 입에 닿는 맛이 매우 섬세하여 프리미엄 사케임에도 누구나 부담 없이 맛을 즐길 수 있으며, 맛이 강한 요리와도 조화롭게 어울려 일식은 물론 정통한식에도 곁들이기 쉬워 한국에서도 많은 분들이 코시노칸바이를 찾고 있다.

한국 내 프리미엄 사케 시장 공략을 위해 한국 내 프로모션도 지속적으로 추진하고 있다. 코시노칸바이 공식 수입판매원으로 한국 최대의 사케유통업체인 니혼슈코리아를 통해 판로를 확보하고, 서울 강남일대 고급 일본요리전문점 및 웨스틴조선호텔, 신라호텔 등의 호텔 레스토랑에 코시노칸바이를 공급중이다. 한국 내 전통주 관련 박람회에도 출전해 한국 내 일반소비자와의 친밀도도 높이고 있다. 지난 2016년 3월 26일과 27일 코엑스에서 펼쳐진 '2016 서울 사케 페스티벌'에도 출전하여 호평을 받은 바 있다.

코시노칸바이의 진정한 맛을 기대하는 국내외관광객을 위한 양조장이 자리한 니가타현 내 직영레스토랑도 일본 니가타현 내 2개소를 운영중이다.

<表7> 사케 맛있게 즐기기

1	사케맛을 제대로 즐기고 싶다면 팩에 든 것은 되도록 마시지 말라.
2	국내에서 너무 유명한 브랜드의 사케는 마시지 않는 것이 좋다.
3	술보다는 쌀을 너무 내세우는 사케 브랜드는 신뢰하지 않는 것이 좋다.
4	센 술은 강한 맛의 음식을, 약한 술은 양념이 강하지 않은 음식을 먹는 것이 좋다.
5	사케라고 무조건 데워먹는 것은 아니다, 술에 따라 차이가 있음을 알고 마시자.
6	'준마이'가 들어간 술이 감칠맛이 나며, 좋은 술이다.

3. 국내 제1의 명품 사케 수입사

1) ㈜니혼슈코리아

국내에 쿠보타 브랜드를 가장 처음 알리고, 다양한 사케 시장의 포문을 연 곳이 ㈜니혼슈코리아다. 햇수로 2018년 기준 17년차의 업력을 지닌 이곳은 쿠보타, 코시노칸바이, 고쿠류, 오토코야마, 닷사이 등 약 40여개 브랜드 170여종의 사케 컬렉션을 보유하고 있다.

㈜니혼슈코리아는 국내에서 사케 수요를 예감한 이곳 대표에 의해 2001년 개인사업으로 시작됐다. 법인으로 전환한 것은 2005년이다. 현재는 쿠보타, 핫카이산, 오토코야마, 코시노칸바이, 고쿠류, 닷사이 등 일본 내에서도 명품으로 인정받고 한국내에도 많이 알려진 주요 브랜드를 가장 많이 취급하는 수입사다. 현재 40여개 브랜드 170여 종을 취급하고 있다.

설립 초기 업소들에 쿠보타 사케를 영업하러 가면 생소하고 가격이 비싸 이런걸 누가 마시냐는 반응을 보이며, 잡상인 취급도 많이 당했다고 한다. 이후 점차 일본인들과 유학생, 여행을 다녀온 사람 등에 의해 사케에 대한 인식이 달라졌다.

초기에는 국내 시장에 메이저 브랜드 1~2종 정도만 유통되었지만 ㈜니혼슈코리아가 진입하면서 다양한 사케를 선보이게 됐다. 지역 양조장의 명주인 지자케를 정식으로 취급한 것도 ㈜니혼슈코리아가 최초다.

특1급 호텔, 레스토랑, 일식당, 이자카야, 이마트, 코스트코, 롯데백화점, 편의점, 소매점 등 다양한 곳에 사케를 납품하면서 그 절정을 이루고 있다.

㈜니혼슈코리아의 추천 사케 3종은 다음과 같다.

(1) 쿠보타 만쥬 준마이 다이긴죠: 사용미는 코하쿠만고쿠, 알코올 도수 15%, 일본주도 +2.0, 제조사는 아사히 주조이다. 쿠보타 만쥬 준마이 다이긴죠는 쿠보타 브랜드의 최고봉으로 부드러운 향기와 그 속에 깃든 깊은 맛으로 장인의 혼을 느낄 수 있는 최고급 사케이다.

한정생산되며 한정판매로 일본 내에서도 소량이 유통되며, 국내에서도 종종 품귀현상을 빚기도 한다.

(2) 송죽매 다이긴죠: 알코올도수 17%이며, 일본주도 +1.0으로 제조사는 타카라주조이다. 송죽매 다이긴죠는 니혼슈 본연의 향기와 맛을 살리기 위해 여과 처리를 하지 않으며, 잘 발효된 니혼슈 순수의 맛을 살리기 위해 일절의 가수처리를 하지 않았다.

화려한 향기 속에 녹아있는 니혼슈 본연ㄴ의 맛이 매력적인 사케이다.

(3) 닷사이 미가키 니와리삼부: 사용미는 야마다니시키, 알코올도수 16%, 일본주도 +4.0, 제조사는 아사히주조이다. 닷사이 미가키 니와리삼부는 최고의 주조미인 야마다니시키를 극한의 정미율 23%까지 정미한 최고급 니혼슈이다.

몽드셀렉션 금상을 비롯해 인터넷 인기순위 부동의 1위로 매년 전문가들이 선점하는 각종 랭킹에도 항상 2위권 내에 드는 프리미엄 니혼슈이다.

2) ㈜니혼사케

㈜니혼사케는 일본 효고현 고베의 사케를 메인으로 취급하고 있다. 예로부터 고베지역은 미야미즈라 불리는 최고의 물과, 품질 좋은 술 쌀인 야마다니시키가 지배되는 등 양조에 최고의 환경을 갖춰 명주를 생산하기로 유명한 곳이다.

㈜니혼사케의 미즈이 구니아끼 대표는 일식 레스토랑 〈고베겐뻬이〉도 함께 운영하고 있다. 2000년도부터 서울 대학로에서 일식 레스토랑을 운영하던 이곳 대표가 우연한 계기로 사케 수입에 뛰어든 것이 ㈜니혼사케의 모태가 되었다. 2005년도에 본격적으로 설립된 ㈜니혼사케는 일본 효고현 나다고고의 사케를 중심으로 취급하고 있다.

고베 시에서 니시미야 시까지 해변을 따라 12km에 이르는 '나다' 라는 지역은 롯코산에서 흘러나오는 '미야미즈' 라는 좋은 물이 나고, 품질 좋은 술쌀인 야마다니시키가 재배되며, 록코오로시라고 불리는 차가운 산바람으로 인해 양조에 최고의 여건을 갖추고 있다.

이곳에 위치한 이마즈고, 니시노 미야고, 우오자키고, 미카게고, 니시고 등 다섯 개 양조마을을 통칭해 나다고고라고 하는 것이다.

㈜니혼사케는 겐비시, 하쿠시카, 키쿠마사무네, 하쿠쓰루, 니혼자카리 등 나다고고에 속하는 주요 양조장의 사케와 각 지방의 우수한 지자케, 소주, 매실주, 사와 등 다양한 제품을 수입하고 있다. 현재 취급 범위는 13개 브랜드 70여종이다. 주요 납품처는 프랜차이즈, 독립 이자카야, 주류 도매상 등이다.

국내에서는 ㈜니혼사케가 유일하게 수입하고 있는 겐비시 주조는 500여년의 전통을 가진 일본 최고의 명주회사로 창업 이래 4종류의 상품만 생산하고 있다.

하쿠시카 주조는 1662년 창업한 양조장으로 오래 마셔도 질리지 않는 명주를 생산하고 있으며, 하쿠쓰루 주조는 일본 내 판매량 1위의 최대 주조메이커다. 키쿠마사무네는 340여년 전통으로 정통 카라구치 본가의 명성을 가진 주조사다. 이곳의 직원 대부분이 키카자케시(사케 소믈리에)자격증을 보유하고 있어 각 업소에서 사케를 취급 시 전문적인 상담을 통해 도움을 얻을 수 있다.

미즈이 구니아끼 대표는 "2000년 중반 이후 이자카야 붐으로 덩달아 사케에 대한 인기와 인지도가 올라갔지만, 한국 내에서는 메인이 되는 주류가 아니라 앞으로도 큰 인기보다는 마니아층을 중심으로 꾸준한 판매가 이루어질 것"이라고 전한다.

한편 구니아끼 대표가 2000년도에 문을 연 〈고베겐베이〉는 대학로에 위치해 20~30대에게도 소문난 맛집이면서, 오랜 시간동안 미식가들 사이에서 사랑받아 온 일식 레스토랑이다. 〈고베겐베이〉는 오랜 경력의 일본인 주방장이 직접 요리를 맡고 있다.

㈜니혼사케가 추천하는 대표적인 사케 3종은 다음과 같다.

(1) 쵸토쿠센 고쿠죠 쿠로마츠 겐비시: 사용미는 야마다니시키, 아이야마, 알코올도수 16.8%, 제조사는 겐비시 주조이다.

최저 1년 이상 저장 탱크에서 숙성시켜 깊은 맛과 부드러운 목넘김이 특징이다. 사용된 쌀 중 아이야마는 야마다니시키보다 재배가 어려운 주미로 최근 주욘다이라는 사케에도 사용되고 있지만, 오리지널 종자는 겐비시로 알려져 있다.

(2) 키쿠마사무네 혼죠조 키모토즈쿠리: 알코올도수 15%이며, 일본주도 +5.0으로 제조사는 키쿠마사무네다. 잡미가 없고 깔끔한 맛이 특징이며 확실한 맛과 깔끔한 목넘김이 장점인 본격 카라쿠치 혼죠조슈로 2009년 9월부터 전승의 키모토즈쿠리 방식을 채택했다.

(3) **니혼사카리 아마쿠치**: 알코올도수 13~14%, 일본주도 −6.0, 제조사는 니혼사카리이다. 쌀의 감칠맛과 단맛을 띠며, 맛이 풍부하고 농후한 아마쿠치 사케로 은은한 달콤함과 향기로운 맛을 즐길 수 있다.

IV

사케 브랜드의 특징과 선택

1. 현지 사케 트렌드와 개성만점 지자케를 접하고 싶다면 〈(주)일로〉

일본 현지에는 맛있고 재미있는 술이 많은데, 왜 한국에는 뻔한 술밖에 없을까. 이러한 생각이 ㈜일로가 탄생한 배경이 됐다.

2009년 지자케 수입을 전문으로 본격 사케 수입을 시작한 ㈜일로는, 패키지나 맛이 독특하고 양조장의 철학이 특별한 지자케를 발굴해 소개하며 국내 다수 마니아들의 지지를 얻고 있다.

1) 재밌고 독특한 사케 발굴, 틈새시장 노리다

사케가 본격 국내에 수입된 지도 어언 십 수년을 훌쩍 넘어 이제 한국에서는 일본 내셔널브랜드 사케는 물론 웬만한 지자케 브랜드들을 어렵지 않게 접할 수 있게 되었다. 하지만 다양성 면에서는 여전히 역부족이다. ㈜일로는 그 틈새시장을 노렸다.

이곳 대표는 워낙 술을 좋아하고 관심이 많았다. 일본에서 유학하고 자주 왕래했기에 사케가 친숙했다. 그러던 중 일본 현지에는 맛있고 재밌는 술이 이렇게나 많은데 왜 한국에는 뻔한 술밖에 없을까라는 생각으로 사케 수입을 시작한 것이다.

일본 현지 양조장 20여 곳을 직접 찾아다니면서 전통을 추구하면서도 재밌고 개성 있는 사케를 생산하는 브랜드를 발굴해 냈다.

설립 당시 국내에는 대형 브랜드는 물론이고 지자케 중에서도 메이저급 브랜드는 거의 들어와 있는 상태였다. 그래서 틈새를 공략해 사케 패키지 디자인, 맛, 양조장의 철학 등이 독특한 것들을 위주로 컬렉션을 구성했다. 현재는 22곳 양조장의 45종(레귤러 상품 기준)의 사케를 취급하고 있다. 주요 납품처는 이자카야와 호텔이다.

2) 현지 트렌드 반영, 국내 제일의 지자케 수입사로 성장

㈜일로는 나마자케(生酒)를 최초로 수입한 회사이기도 하다. '나마자케'란 보존 및 살균을 위한 열처리를 전혀 하지 않은 사케로 효모가 살아있어 가장 양조장의 맛에 근접한 프레시한 맛이 특징이다. 따라서 유통기한이 짧고 보관이 중요하다. ㈜일로에서는 운송과정은 물론 업소에 배송될 때까지 냉장상태로 보관해 제공한다. 대표적인 나마자케로는 '카제노모리'가 있다.

일본 내에서 사케는 유행이 있다. 그럼에도 국내에서는 현지 사케 트렌드를 잘 반영하지 못한다. ㈜일로에서는 그때그때 트렌드를 반영하고 사케 마니아들도 좋아하는 다양한 라인업을 선보이고 있으며 꾸준히 시음회 등을 개최하면서 지지층을 확보하고 있다.

지난 2012년 니혼슈수입업협의회에 가입한 ㈜일로는 그 다음 2013년 9월 협의회에서 개최한 '2013 사케 인 서울' 행사에도 참여해 뜨거운 반응을 얻었다. 또한 행사를 위해 수입하는 현지 양조장 12곳에서 내한, 직접 행사에 참가해 빛을 발했다. 앞으로도 다양하고 희귀한 지자케를 꾸준히 발굴해 고객들로 하여금 '지자케로는 한국에서 최고'라는 평가를 받는 것이 ㈜일로의 목표다.

3) ㈜일로의 추천 사케 3종

(1) 카제노모리 아키츠호

- 사용미: 아키츠호

- 알코올도수: 17.5%

- 일본주도: +4

- 제조사: 유쵸주조

- 특징: 갓 짠 술과 가장 가까운 무여과 무가수의 생주. 쌀 본래의 신선한 감칠맛을 충분히 느낄 수 있으면서도 산이 풍부해 날카로움과 잘 정돈된 깔끔함을 느낄 수 있는 준마이슈이다.

(2) 우라 가산류 코우카

- 사용미: 데와노사토

- 알코올도수: 14.2%

- 일본주도: +3

- 제조사: 신도주조점

- 특징: 자사 논에서 재배한 '데와노사토'를 100% 사용해 다이긴죠와 같은 저온 발효 방식으로 제조한 사케로 깨끗하면서도 깊고 화사한 향기가 특징이며 혼죠죠에서 발견하기 힘든 품질을 자랑한다. 2010, 2011년 인터내셔널 와인 챌린지(IWC) 혼죠죠 부문 금상을 수상했다.

(3) 자쿠 미야비노모토 나카도리

- 사용미: 야마다니시키

- 알코올도수: 16%

- 일본주도: +1

- 제조사: 시미즈양조

- 특징: 술을 짤 때 나오는 가장 좋은 부분인 나카도리만을 모은 쥰마이다이긴죠. 일반적인 쥰마이다이긴죠보다 투명감이 있는 맛과 향기가 한층 화려하게 두드러진다.

2. 일본 양조장 직송의 지자케를 맛보고 싶다면 ㈜사카야 코리아

㈜사카야코리아는 이와테현, 아키타현, 아오모리현 등 동북지방의 주요 지자케 회사들이 연합해 한국에 설립한 지사다.

천혜의 자연으로 명주를 생산하기로 유명한 동북지방의 질 좋은 지자케를 한국에 널리 알리고자, 양조장 직거래를 통해 한국 소비자들이 신선하고도 저렴한 가격에 사케를 접할 수 있도록 하고 있다.

1) 일본 동북지방 질 좋은 지자케 수입

㈜사카야코리아는 2011년 12월 아사비라키, 텐쥬주조, 이이유우주조 등 일본 동북지방의 유명 지자케 3사가 연합해 설립한 한국지사다. 각 주조사들이 위치한 이와테현, 아키타현, 아오모리현 등 동북지방은 예로부터 천혜의 자연을 간직한 곳으로, 눈이 많이 내리고 물이 깨끗해 좋은 술이 생산되기로 유명하다. ㈜사카야코리아는 동북 지방 양조장 장인들의 섬세한 양조기술에 의해 생산된 질 좋은 지자케를 한국 고객들에게 알리기 위해 설립하게 됐다. 일본 양조장과의 직거래를 통해 유통마진을 최소화해 질 좋은 지자케를 저렴하

게 공급한다는 것이 장점이다. 원래는 와인 소믈리에였지만, 우연한 기회로 도쿄에서 아사비라키의 사케를 맛보고 천국을 걷는 듯한 기분을 느꼈고, 사케에 완전히 매료되었다며 아사비라키와의 인연은 맺게 된 계기를 전했다. ㈜사카야코리아는 주류박람회, 외식박람회 등 관련 전시회와 박람회에 연 2회 이상 적극적으로 참여하여 좋은 지자케 알리기에 주력하고 있다.

2) 자신만의 사케 리스트를 만들어야

3사 중 아사비라키는 이와테현 모리오카시에 위치한 200년 역사를 자랑하는 지자케회사로 '운이 열리는 아사비라키' 라는 슬로건을 내걸고 일본 현대 인간문화재인 후지 오마사히코 도지가 심혈을 기울여 양조한 '교쿠센' 시리즈와 '스이진' 준마이주, '유메아카리' 준마이긴죠 등을 선보이고 있다. 텐쥬 주조는 아키타현 유리혼죠시의 해발 2100m의 초카이산 산기슭에 창고가 있는 190년의 역사를 지닌 회사로, 미국, 유럽 등지에서 선풍적인 인기를 얻고 있는 '초카이산' 준마이다이긴죠와 밧센다이긴죠, 텐쥬 등이 주력상품이다. 1804년에 창립돼 8대째 이어져오고 있는 아이유우주조의 '토모쥬' 는 슬림한 디자인 사케로 인기다. 아사비라키는 남성적적이고 파워풀한 특징이 있으며, 텐쥬는 여성적이며 향긋하고 마일드한 것이 특징이다.

㈜사카야코리아는 국내 주요 고급 호텔 및 일식 레스토랑, 이자카야, 백화점 등에 납품하며 신뢰를 얻고 있다. 이자카야 창업 시 유의해야 할 점은 타인의 의견에 휩쓸려 사케를 선택하지 말고 반드시 본인의 주관을 가지고 많은 시음과 시뮬레이션을 통해 자신만의 사케 리스트를 만드는 것이 가장 중요하다. 또 시음회, 전시회 등에 참여하고 많이 공부해서 고객에게 자신 있게 어필할 수 있는 사케를 선정해야 한다.

3) ㈜사카야코리아의 추천 사케 3종

(1) 초카이산 준마이 다이긴죠
- 사용미: 미야미니시키
- 알코올도수: 15.5%
- 일본주도: +2
- 제조사: 텐쥬주조
- 특징: 일본 인터내셔널 사케 챌린지에서 3년 연속 금상을 수상한 사케. 맛과 향, 목넘김 등 소위 삼박자를 갖춘 예술적인 사

케로 준마이 다이긴죠급에서 가격대비 훌륭한 품질을 자랑한다. 세계 와인 대회에서 화려한 향으로, 와인글라스로 마시는 사케 부문 1위를 수상한 바 있으며 국내에서도 좋은 평판을 얻고 있다.

(2) 스이진 준마이

- 사용미: 미야미니시키
- 알코올도수: 16.5%
- 일본주도: +10
- 제조사: 아사비라키
- 특징: 드라이한 타입으로 부드러움과 강한 맛이 조화를 이루는 대표적인 사케. 미국, 호주, 유럽 등지에서 선풍적인 인기를 얻고 있으며, 강한 알코올에 익숙한 한국인들의 입맛에 잘 맞아 국내에서 인기리에 판매되고 있다. 아시아 모든 음식과 완벽한 하모니를 이루는 술의 신인 '수신'의 의미를 담은 아사비라키의 대표 사케이다.

(3) 교쿠센 다이긴죠

- 사용미: 야마다니시키

- 알코올도수 : 16.5%

- 일본주도: +4

- 제조사: 아사비라키

- 특징: 과일을 연상시키는 화려한 긴죠향과 짜릿함을 연상시키는 프리미엄 사케로 일본 내 쥬온다이와 어깨를 나란히 하는 도쿄의 백화점 판매 1위 사케. 18년 연속 금상을 수상했으며 고급스러운 이미지와 고급 사케를 원하는 이들에게 추천한다. 유엔행사 등에서 반드시 메뉴에 들어가 있을 정도로 세계인에게 사랑 받는 사케이다.

3. 고품질 사케를 합리적인 가격으로 만나는 법 ㈜썬프라자

㈜썬프라자는 비교적 초창기에 국내 사케 수입 시장에 뛰어들어 그 업력만도 11년에 이른다. 현재는 사와노츠루, 우메노야도, 다카사고, 쯔루미, 키타가와 등 5개 주조사의 20여가지 제품을 취급하고 있다. 오랜 업력만큼이나 좋은 품질의 사케를 합리적인 가격에 제공해 고객들에게 신뢰받는 수입사로 자리매김했다.

1) 사케가 좋아 뛰어든지 어느덧 12년차

㈜썬프라자의 대표는 국내 유수 위스키 수입사에서 영업직으로 근무하다 어느 날 우연히 지인의 소개로 사케를 접하게 됐다. 사케의 다양함과 맛에 매료된 그는 2005년 12월 ㈜썬프라자를 설립하여 본격적으로 국내에 사케를 수입, 판매하기 시작했다.

설립 당시에는 대부분의 사람들이 사케에 대한 지식이나 정보가 거의 없었으나, 점차 사케에 대한 관심이 확산되면서 지금에까지 이르게 된 것이다.

현재 이곳에서는 사와노츠루, 우메노야도, 다카사고, 쯔루미, 키타가와 등 5개 제조사의 20여가지 제품을 수입해 국내에 공급하고 있다. 기존 10여 개사 50여 가지 제품을 수입하였으나 지금은 주력상품 위주로 정리한 상태이다.

특히 사와노츠루는 일본 내에서 10위 안에 드는 내셔널 브랜드로서 준마이슈 이상에서 최상으로 평가받고 있다. 현재 ㈜썬프라자에서 사와노츠루의 '와노사케'와 '준마이 10.5' 등이 가장 많이 판매되고 있다. 이외에 우메노야도는 100년 이상의 전통을 자랑하고 고품질 주조회사로서 늘 새로운 사케를 개발하는 회사로 과실주 부분에서는 1위를 차지한다.

2) 사케 수입의 본질은 '다양성'

㈜썬프라자는 초기에 직납 위주의 공급을 했지만, 현재는 대부분 도매상과 일부 호텔에 납품하고 있다. 또한 개인 고객에게 소매로도 판매하고 있어, 사케 마니아들은 눈여겨볼만 하다. 초보자들이 사케를 접하고자 할 때 후츠쥬부터 다이긴죠까지 가장 낮은 등급부터 높은 등급까지 단계별로 마셔보는 걸 권한다. 그러다 보면 자신에게 맞는 사케를 찾을 수 있다.

쯔루미 또한 100년 전통의 주조 회사로서 수제양조와 근대적 품질의 조화로 대를 잇고 있으며, 다카사고는 홋카이도에 위치한 주조 회사로, 일본 술 애호가들에게 많은 사랑을 받고 있다. ㈜썬프라자에서는 11년의 노하우로 품질과 가격 면에서 모두 경쟁력을 갖춘 제품을 수입해 제공하고 있으며, 고객사가 각 등급별, 어떤 품질과 단가를 원하는지에 따라 맞춤형으로 제공하고 있다.

따라서 ㈜썬프라자에서 추천한 사케는 각 업소 등에서 스테디셀러로 자리 잡고 있다. 사케의 매력은 무엇보다 다양성에 있다. 따라서 사케 수입의 본질도 최대한 다양한 사케를 들여와 알리는 것인데, 시장과 정치 경제적인 상황으로 인해 본질이 흐려지고 있다.

3) ㈜썬프라자의 추천 사케 3종

(1) 다이긴죠 츠이쵸

- 사용미: 야마다니시키
- 알코올도수: 16.5%
- 제조사: 사와노츠루(효고)
- 특징: 2010년 몬드셀렉션 세계주류 콩쿠르에서 최고 금상을 수상. 입안에 머금었을 때 순하게 퍼지는 긴죠향과 시원한 목넘김이 일품인 다이긴죠 츠이쵸는 사케를 재정립하는 본격파 술이라 할 수 있다.

(2) 젠슈

- 사용미: 나다산
- 알코올도수: 18.5%
- 제조사: 사와노츠루(효고)
- 특징: 1987년, 1988년, 2004년, 2008년 몬드 셀렉션 세계주 콩쿠르에서 금상을 수상. 강하고 화려한 향과 풍부하고 진한 맛으로 원주의 가치를 아는 마니아층에게 많은 사랑을 받는 제품이다. 고도수로 물을 많이 섞지 않아 사케 고유의 맛을 느낄 수 있다.

(3) 준마이 10.5

- 사용미: 나다산
- 알코올도수: 10.5%
- 제조사: 사와노츠루(효고)
- 특징: 누룩미 사용비율을 2배 이상으로 늘려 준마이의 감칠맛을 그대로 담은 제품. 미즈와리나 오유와리로 마셔도 전혀 싱겁지 않은 그야말로 맛있는 저알콜 사케이다. 준마이슈 중 10.5도로 만들 수 있는 회사는 사와노츠루가 거의 유일하다.

4. 하나밖에 없는 '청담이상 준마이'를 마시다 〈청담이상〉

최근 점포 개설에 힘이 바짝 들어가 점포 오픈과 가맹점 계약에 한창 물이 오른 〈청담이상〉.

점포에 60여 가지 사케를 구비해 놓고 그에 맞는 '이상'만의 차별화된 메뉴를 선보이며 고객몰이에 여념이 없다.

더불어 〈청담이상〉의 멀티형 서브 브랜드인 프리미엄 야끼토리 바인 〈하루이상〉 론칭도 본격 가동해 향후 행보가 주목된다.

1) 고객을 향한 초심으로 승부

자연친화적인 고품격 인테리어와 식사 및 주류를 동시에 즐길 수 있는 〈청담이상〉. 90평 규모의 2층으로 이뤄진 〈청담이상〉 1호점의 고객층은 20대에서 50대까지 다양하며 고객층에 따라 술의 종류도 다채롭다. 특히 이곳은 다다미를 지향하는데, '이자카야'라는 특성 상 고객들이 신발을 벗고 편안하게 술을 즐기는 것을 선호한다.

신발을 벗다보니 점포도 깨끗해지고, 술손님도 조심하게 돼 점주 입장에서는 일석이조의 효과를 낳는다. 점포 내부는 다른 이자카야보다 훨씬 어두운 편이다. 주변의 외식업소들이 점차 밝은 콘셉트로 간 반면, 〈청담이상〉은 어두운 조도를 통해 이곳만의 색깔을 드러낸다.

〈청담이상〉 1호점은 80% 이상이 단골고객이며 이는 홀 서비스뿐만 아니라 주방과 함께 하나가 돼야 가능하다. 사케를 찾은 고객이 전체 주류 매출 가운데 40%에 이르며 주로 30~40대 직장인들과 유학생들이 많다. 기존에는 대략 50% 정도 이상 사케를 즐겼는데, 최근 경기 불황의 여파로 인해 다소 주춤하고 있는 상태이다. 또 사케는 상권에 따라 매출차이도 크다. 강남에서는 사케 소비가 활발하게 이뤄지지만 종로 상권은 팩 사케의 소비가 눈에 띈다.

2) 〈청담이상〉에서만 즐기는 '준마이'

계절에 따라 사케 소비도 눈에 띈 양상을 보인다. 아무래도 여름엔 시원한 사케가 주류를 이루지만, 겨울엔 따뜻한 사케를 찾는 고객이 많다. 〈청담이상〉에서 취급하는 사케 종류는 약 60여 가지인데 사케 소믈리에가 직접 고객들에게 사케를 추천한다. 현재 매장에서는 '청담이상 준마이'를 출시해 인기다.

일본 고급 브랜드 가운데 하나인 조센미즈노고토시(상선여수)가 이상과 콜라보레이션으로 '이상'만을 위한 사케를 출시한 것이다. 니이가타 최고의 환경이 모든 양질의 준마이슈는 5만 5000원이라는 저렴한 가격으로 프로모션을 펼치고 있다. 이 술은 니이가타현에서 가장 깨끗한 물로 만들어 여성들이 특히 좋아하는 술이다.

메이보 요와노츠키는 8만원대 술을 6만원에 판매하는데, 미국의 뉴욕커들로부터 사랑을 독차지하고 있는 인기상품이다. 국내에선 주로 유학생들이 즐겨 찾으며, 청량하고 깔끔하며 목넘김이 좋다. 이외에 다이긴조도 12만원짜리가 7만 5000원에 판매되고 있다.

메뉴 개발은 사케에 어울리는 맛 위주로 주력하는데, 고객이 메뉴를 먼저 주문하면 이에 어울리는 사케를 추천한다.

3) 〈청담이상〉의 추천 사케 3종

(1) **이상준마이**: 일본 최고의 브랜드 중 하나인 죠젠미즈노고토시가 ㈜이상과 콜라보레이션으로 론칭한 사케이다.

(2) **메이보 요와노츠키**: 뉴욕의 일식 레스토랑에서 뉴욕커들의 사랑을 독차지하고 있는 사케이다. 수수한 긴죠향과 깔끔한 뒷맛은 준마이 긴죠의 특징을 잘 말해준다.

(3) **쿠보타 만쥬**: 170년 전통을 지켜온 쿠보타 브랜드의 최고봉으로 아사히 주조의 실력과 정성, 대대로 이어온 최고급 사케이다.

5. 합리적인 가격과 맛, '천상 사케 세트' 눈길 〈천상〉

일본 요리주점으로 다른 이자카야 전문점과는 차별화를 이루며 고객들로부터 명불허전이라는 찬사를 받아온 〈천상〉은 이태원 본점을 비롯해 서소문점, 동.서여의도 직영점은 물론, 가맹점 오픈을 꾸준히 전개해오며 내실 다지기에 주력해오고 있다. 특히 계절별로 끊임없는 메뉴개발과 사케를 접목한 세트메뉴를 선보여 고객만족과 매출 상승에 주력하고 있다.

1) 점주와 매니저를 대상으로 사케 교육

본격 일본식 요리주점 〈천상〉은 지난 2013년 3월 문을 열어 여의도에서 맛집으로 등극하였고, 80% 이상이 단골 고객 중심으로 운영되고 있다. 여의도라는 상권 특성상 방송국이나 국회, 증권 및 각종 대기업이 진을 친 오피스가 직장인들로부터 꾸준한 매출을 담보하고 있다. 특히 저녁시간에는 접대나 비즈니스, 회식 등을 중심으로 한 고객들이 주류를 이뤄 그 진가를 발휘한다. 최근에는 고객들 요구에 따라 입석 테이블을 다다미로 전면 교체한다거나 바를 좌석으로 바꾸는 등의 리뉴얼도 단행했다.

서 여의도점은 기존 선술집 개념보다는 깔끔하고 격조 있는 분위기 속에서 점장의 영업 수완으로 점차 자리를 잡아오고 있다. 특히 ㈜FC 〈천상〉은 지난 2013년 10월부터 전 매장의 점주와 매니저, 직원을 대상으로 이태원 본점에서 사케 교육을 실시하기도 했다. 사케를 수입하는 주류회사와 연계해 이뤄진 교육은 4주간 교육이 진행돼 점주와 매니저, 직원들의 사케에 대한 지식과 업무 향상을 높였다. 사케 교육은 매년 분기별로 해나갈 생각이며, 직원들의 업무에 대한 동기 부여는 물론, 매출 상승에도 큰 효과를 가져온다면서 향후에도 꾸준히 사케 교육을 진행할 것이라 전한다.

2) 고객성향에 맞는 사케 추천

〈천상〉은 매장별로 30~50가지의 사케를 구비해 놓고 고객을 맞이하고 있다. 매장에서 사케를 찾는 고객은 전 주류 매출 가운데 30%이고, 주요 고객은 30대 중후반부터 40대 후반까지가 가장 많은 소비를 보인다. 〈천상〉은 현재 '천상 사케 SET' 프로모션을 펼쳐 고객들에게 합리적인 가격의 요리와 사케를 제공하고 있다.

가모츠루 사케와 사시미 샐러드, 오징어다리 가라아게, 관자 빠다야끼 등으로 세트를 구성해 9만 8000원에 제공하고 있는데 고객들은 저렴한 가격에 고급 요리와 사케를 마음껏 즐길 수 있고, 점포 매출 상승에도 큰 기여를 하고 있다. 사케 세트에 구성된 가모츠루 혼죠죠 가라구치는 맛이 깔끔하고 잡냄새가 없어 고객들에게 반응이 좋다.

사케세트 외에도 봄, 여름, 가을, 겨울 계절별로 세트를 구성해 고객몰이에 나서고 있다. 사케를 권하는데 있어서도 남자, 여자, 커플, 모임, 비즈니스 등 다양한 고객 성향에 맞게 사케를 추천한다.

이를 위해 점포 매니저나 직원들이 먼저 사케 맛을 알고 추천하는 것이 중요하다. 워낙 맛과 향이 다양한 사케가 많다 보니 고객들이 선호할 만한 사케를 추천하는 것이 매출을 올리는데 주효하다.

3) 〈천상〉의 추천 사케 3종

(1) **온나나카세 준마이다이긴죠**: 오므리야 주조장의 최고급 니혼슈로 은은하게 다가오는 감미로움과 상쾌한 향, 부드러운 목넘김이 특징이다.

(2) **준마이다이긴죠 쇼운**: 최고급 청주로 기품과 향기로운 맛이 일품이며 조용한 여운의 뒷맛은 '니혼슈' 최고의 맛과 가치를 누리게 한다.

(3) **준마이 야마다니시키**: 주조용 쌀인 야마다니시키 중에서도 최고급 품질만을 엄선해 만든 술로, 산뜻한 맛이 일품이다.

6. 국내최초 무한 사케시스템, 사케 리딩브랜드가 될 〈무사〉

지난 2012년 론칭한 무한사케 〈무사〉는 1년이 채 안되어 42개 점포를 오픈하고 순항중이다. 대부분의 이자카야 전문점이 실내포차 분위기의 선술집이나 퓨전주점 같은 콘셉트였다면, 〈무사〉는 정통 이자카야를 표방하여 자사 브랜드만의 색깔을 지니고자 한다. 특히 여성들로부터 각광받는 〈무사〉는 사케를 즐기기에 좋은 분위기가 있는 점포로 고객몰이가 한창이다.

1) 사케, 무한리필로 마음껏 즐겨라

〈무사〉는 사케, 맥주, 일본 소주를 9800원에 무한 리필해 즐길 수 있는 곳이다. 그동안 가격이 부담돼 즐길 수 없었던 사케를 〈무사〉에서는 마음껏 즐길 수 있게 된 것이다. 이는 ㈜미코FC가 일본 도쿄 도이치현 공장과 사케 공급 계약을 체결해 20톤을 직접 생산하는 라인을 확보하였고, 국내에서는 쉽게 공급 받을 수 없는 가격으로 지원받게 돼 무한사케 시스템이 가능하게 된 것이다. 〈무사〉에서 제공하는 무한사케는 질 낮은 사케가 아닌 혼죠죠급 정도의 보통 등급으로 18리터 대관이 들어온다. 유통 경로를 개선해 직접 OEM방식으로 생산, 다수의 프랜차이즈 가맹점이 생겨도 사케 유통에 차질이 없도록 했다.

〈무사〉는 20~30대 여성들이 선호할만한 센스있는 인테리어와 오픈 주방과 바, 정통 이자카야 콘셉트에 주력해 공간을 연출했다. 매장 한켠에는 사케 잔이 즐비하게 늘어서 있는데, 이는 인테리어 소품이 아닌 고객들이 자신의 사케 잔을 직접 만들어 진열해 놓은 것이다. 고객들은 원하면 누구든지 자신의 사케 잔을 매장에 비치해놓고 즐길 수 있다. 이는 고객들에게 사케를 즐기는 재미와 함께 재방문 효과도 가져온다.

2) 무한사케, 무한클리어, 무한생맥주 리필

〈무사〉에는 무한사케 외에도 일본 소주를 무한리필로 즐길 수 있는 무한클리어와 생맥주가 있다. 무한클리어는 일본 소주를 얼음과 토닉워터를 넣어 레몬과 함께 즐길 수 있는 것으로 인기를 모은다. 이 외에도 사케는 30여 가지 종류를 취급하고 있으며, 메뉴판에 각 술마다 다양한 맛과 이력이 소개되어 있어 자신이 마시는 술이 어떤 맛과 향을 지니고 있는지 잘 알 수 있게 했다.

그밖에도 젊은 여성들에게 인기가 좋은 일본위스키 칵테일인 하이볼과 칵테일 사케사와 등이 잘 나간다. 물론 무한사케가 전체 주류 매출의 70%를 차지할 만큼 인기를 독차지하고, 무한사케를 즐기다가 사케의 맛에 매료돼 단품 사케로 옮겨가는 경향을 보이고 있다고 전한다. 〈무사〉는 역세권은 물론 동네상권 등 상권범위에 제한을 두지 않고 점포 전개를 해나간다. 예비창업자 교육은 2주 교육으로 조리와 사케에 대한 강도 높은 집중교육이 이뤄진다. 단순히 가게 운영이 아닌, 점포를 경영하는 차원에서 경영교육에도 주력한다.

3) 〈무사〉의 추천 사케 3종

(1) **무한사케**: 일본 도쿄 도이치현의 공장과 체결해 공급하고 있는 무한사케는 혼죠죠급 정도의 보통 등급으로 누구나 가볍게 즐길 수 있는 향과 맛이 나는 사케이다. 단품으로는 준마이759, 간바레 오또상, 나마죠조가 인기 있다.

(2) **무한클리어**: 일본 소주와 레몬, 진토닉으로 주조해 마실 수 있는 술로 깔끔하고 부드러운 향이 입안에 퍼지며 다양한 안주와 잘 맞는다.

(3) **무한생맥주**: 시원하고 깔끔한 생맥주를 무한리필로 즐길 수 있다.

7. 여심(女心) 사로잡는 개성만점 이자카야 〈행복한 오타쿠〉

〈행복한 오타쿠〉 강서구청점을 들어서자 한 편의 애니메이션을 보는 듯 아기자기하고 재밌는 소품으로 꾸며진 인테리어가 이채롭게 느껴진다. 오픈 주방을 중심으로 넉넉한 다찌가 마련돼 있어 혼자와도 좋고, 둘이와도 좋을 편안한 분위기 또한 돋보인다. 친근한 인테리어와 부담 없는 가격대로 '캐주얼 이자카야'를 표방하는 〈행복한 오타쿠〉가 이자카야 시장에 도전장을 내밀었다.

1) 캐쥬얼 이자카야로 승부수

10여 년의 외식업 경영 노하우를 가졌으며, 요리전문 주점 프랜차이즈인 〈야무야무〉를 6년 동안 운영해온 ㈜에이치에스외식이 최근 톡톡 튀는 콘셉트의 이자카야 브랜드를 론칭했다. 브랜드네임에서부터 익살스러운 분위기가 감지되는 〈행복한 오타쿠〉는 지난 2013년

5월 직영점을 오픈하여 본격적인 프랜차이즈 사업에 들어갔다.

보통 '오타쿠' 라는 말에는 부정적인 뉘앙스가 있다. 하지만 '행복한' 이라는 수식어를 붙여 요리에 몰두하는 사람, 피규어 수집 등 취미에 몰두하는 사람 등 다양한 의미로서 '행복한 오타쿠' 라는 뜻을 내포시킨 것이다. 이러한 브랜드네임을 잘 반영한 듯 매장 곳곳에는 수십 가지의 피규어와 일본 만화책, 애니메이션 포스터, 오래된 잡지 등 국내에서 구하거나 현지에서 직접 수집해 온 '오타쿠스러운' 소품들로 가득해 이색적인 분위기를 자아낸다.

이러한 톡톡 튀는 인테리어가 잘 말해주듯 〈행복한 오타쿠〉는 '캐쥬얼 이자카야' 를 지향한다. 편안한 인테리어와 부담 없는 가격대로 이자카야의 문턱을 낮춘 것이다. 보통 이자카야는 무거운 분위기와 높은 가격대가 주류이며, 강남 등 특수상권에만 흥하는 아이템이었다. '캐쥬얼 이자카야' 를 콘셉트로 강남뿐만 아니라 오피스상권, 역세권, 그리고 동네상권에서도 충분히 어필할 수 있게 만들어졌다.

2) 다양한 사케, 전국 최저가로 맛보다

〈행복한 오타쿠〉의 눈에 띄는 특징은 다양한 라인업으로 구성한 사케를 매우 저렴한 가격에 맛볼 수 있게 한 점이다. 하우스 사케부터 팩사케, 프리미엄 사케, 저용량 저알콜 사케 등 후츠슈부터 긴조슈까지 다양한 등급, 다양한 종류의 청주와 일본 소주 등 총 40여 가지 사케를 구비했다.

가격대 또한 1만원대부터 20만원대까지 다양하고, 타 이자카야 주점에 비해 판매 가격을 대폭 낮춰 소비자들의 사케에 대한 접근을 용이하게 했다. 또 메뉴판에는 저가와 고가, 등급별, 성별에 따른 추천 등을 잘 구분해 놓아 사케 초보자들도 어렵지 않게 고를 수 있도록 했다.

이곳은 전체 판매 주류 중 일본 주류 판매 비중이 60% 이상이다. 보통 이자카야들이 저렴한 소주, 맥주 판매가 많고 사케 판매에 고전하는 것과는 대비된다. 안주는 코퀄리티의 다양한 메뉴 구성으로 골라 먹는 재미와 고객 만족도를 높였다.

그 중에서도 20여 가지 꼬치구이와 '오타쿠 모듬꼬치'를 주력으로 한다. 꼬치구이는 매장에서 직접 재료를 쇠꼬챙이에 끼워 만들고 오픈 주방에서 숯불에 굽는 과정을 그대로 보여줘 고객 만족도를 높였다. 그 외 '나가사키 짬뽕', '소고기 숙주볶음' 등 불 맛을 살린 요리들이 인기다. 이자카야 콘셉트이지만 사시미 종류는 제외해 인력 운영의 어려움을 덜었다.

3) 소자본 창업 아이템으로 눈 여겨 볼만 해

주 고객층은 구매력이 있는 20대 중후반부터 30대까지이며, 독특한 캐릭터로 꾸며진 간판, 익스테리어로 인해 유입되는 고객들이 많다. 내부는 아기자기하게 꾸며져 있지만 대체적으로 아늑하고 조용한 분위기로 시끄러운 분위기를 싫어하는 고객들의 큰 호응을 얻고 있다.

〈행복한 오타쿠〉는 소자본, 소규모 창업으로도 제격인 아이템으로 이를 염두에 두고 있는 예비창업자들에게도 희소식이 될 듯하다. 99~132㎡(30~40평) 정도의 규모를 권장하는데, 99㎡(30평)기준으로 최서 8000만원 정도의 비용으로 창업할 수 있으며 홀 2명, 주방 1.5명 정도의 인력으로 운영이 가능해 부부창업으로도 안성맞춤이다.

론칭 후 공격적인 홍보나 마케팅을 진행하고 있지는 않으나, 사업성을 내다본 관계자들의 입소문에 의해서만 벌써 7개의 가맹점이 생겼으며, 3개점이 추가로 오픈했다.

〈행복한 오타쿠〉는 가맹은 천천히 이뤄지더라도 최소 7~8년을 지속하는 브랜드가 되는 것이 목표라고 밝혔다.

부록

창업 및 업종 전환, 신규사업 가이드

〈표 1〉 외식산업의 구성요소

외식산업의 구성요소				
가격	식음료	인적서비스	물적서비스	편리성

〈표 2〉 외식기업 경영형태의 장·단점

방법 구분	초기투자	경험도	사업운영 책임도	실패율	재정 위험도	보상
직영	높다	높다	높다	높다	높다	높다
가맹	보통 이하	최저	보통	보통	보통	보통 이상
인수	보통	높다	높다	높다	높다	높다
위탁	없음	보통 이상	보통	보통	보통	보통 이하

〈표 3〉 업종별 분류

외식산업	음식중심	일반음식점	일반음식점	한식점
				일식점
				양식점
				중식점
				기타
			특수음식점	열차식당
				항공기내식당 기내사업
				선박 내 식당
			숙박시설 내 음식점	호텔 내 식당
				리조트,콘도,여관 내 식당(1970년 이전)
		단체음식	학교	초,중,고,대학
			기업	구내식당
			군대방위시설	군대
				전투경찰
				경찰
				교도소
			병원	구내식당
			사회복지시설	연수원
				양로원
				고아원
	음료중심		찻집,술집	커피전문점
				호프집
				술집(대중유흥업소)
			요정,바	요정
				바
				카바레
				나이트클럽, club

⟨표 4⟩ 한식의 유형별 종류

품목	세부종목	품목	세부종목
해물류	조개찜 조개구이 게찜 바닷가재찜 낙지볶음 굴회 오징어볶음	전류	파전 빈대떡 모듬전 오코노미야키
생선류	갈치구이 코다리찜 광어회 장어구이 장어직화 장어양념구이	국물류	된장찌개 부대찌개 청국장 순두부 북어국
육류-쇠고기	쇠고기등심 쇠고기갈비 쇠고기 불고기 쇠고기 샤브샤브	디저트류-빵	샌드위치 초콜릿 케이크 와플 바게트
육류-돼지고기	돼지고기 삼겹살 돼지갈비 돼지등갈비	디저트류-음료	생과일주스 아이스크림 빙수 생과일 요거트 스무디
육류-닭고기	닭튀김 삼계탕 닭강정 닭갈비	디저트류-커피	커피 북카페 애견카페 키즈카페
육류-족발	족발 냉족발 오븐구이족발 쌈족발	출장음식	도시락 제사음식 홈파티
면류	자장면 짬뽕 냉면 잔치국수 메밀	주류	소주 맥주 생맥주 와인 막걸리
탕류	갈비탕 샤브샤브 설렁탕 삼계탕 매운탕	분식류	순대류 튀김 떡볶이 우동 김밥
한식	비빔밥 패쌈밥 영양밥 김밥 죽	뷔페류	패밀리뷔페 해산물뷔페 고기뷔페 샐러드뷔페 디저트뷔페 채식뷔페

〈표 5〉 외식업계 업종별 트렌드 핵심 (키워드)

창업할 수 있는 외식 종목들 간 콜라보레이션(모둠+조합) 메뉴

업종	키워드	상세 키워드
한식	건강한 삶과 간편식 시장확대	4S(safety, show, self, single), 건강, 간편식, 유기농, No MSG, 오픈키친, HMR
패밀리 레스토랑	감성을 추구하는 융복합화	콜라보레이션, 감성, 시장 다각화, 초니치 마켓
치킨	카페형 매장과 스포츠 마케팅	가치소비, 힐링, 프리미엄, 싱글족, 치맥 스포츠 마케팅, 간편식, 안전, 차별화, SNS
주점	복고와 엔도르핀 디쉬	복고, 감성, 소형화, 차별화, SNS 콜라보레이션, 인테리어, 합리적 가격
커피	고급 원두와 부티크 매장	웰빙, 건강한 재료, 소형화, 전문화, 차별화, 콜라보레이션, 고급화, 부티크, 복고, 인테리어, 사회공헌, 해외진출
피자	웰빙과 프리미엄의 합리적 소비	웰빙, 고급화, 합리적 가격, 안전·안심, 스포츠마케팅, 복고·향수, 엔도르핀 디쉬, 콜라보레이션, 소형화, 건강한 재료, 싱글족
이탈리안 레스토랑	착한 소비와 건강한 식생활	착한 소비, 오가닉, 건강, 와인
분식	합리적인 가격과 콜라보레이션	콜라보레이션, 소형화, 프리미엄, 합리적 가격, 소량화, 간편식, 싱글족
패스트푸드	안전하고 합리적인 가격	합리적 가격, 간편식, 싱글족, 안심·안전
디저트	매스티지족의 진정성	콜라보레이션, 건강한 재료, 진정성, 유기농, 프리미엄, 인테리어, 독창성

〈표 6〉 소비자 유형별 기호와 변화

소비자 진화 양상 단계 ▼	새로운 소비자 집단 ▼
마담슈머(Madame + Consumer) 구매 결정권을 가진 주부들의 시각에서 제품 평가	**바이슈머(Buy + Consumer)** 해외에서 판매되는 물품을 직접 구입하는 소비자 (직구족)
⇩ **트라이슈머(Try + Consumer)** 기존 정보에 의존하지 않고 제품을 직접 써본 뒤 평가	**모디슈머(Modify + Consumer)** 제조업체에서 제시하는 방식이 아닌 자신만의 방법으로 재창조 해내는 소비자
⇩ **크리슈머(Creative + Consumer)** 신제품 개발이나 디자인, 서비스 등의 문제에 적극 개입해 의견을 제시	**스토리슈머(Story + Consumer)** 기업에 제품과 관련된 자신의 이야기를 적극적으로 알리는 소비자
⇩ **프로슈머(Producer + Consumer)** 제품의 생산단계에 직접 관여하거나 소비자가 생산까지 담당	**쇼루밍족(Showrooming)** 오프라인 매장에서 제품을 보고 온라인을 통해 저렴하게 구매하는 소비자(실속 중시) VS **역쇼루밍족(Reverse Showrooming)** 온라인에서 검색을 통해 제품을 결정한 뒤 오프라인에서 구매하는 소비자
⇩ **가이드슈머(Guide + Consumer)** 기업의 생산현장을 검증하고 잘못된 점은 지적, 잘한 점은 홍보	

〈표 7〉 외식 브랜드의 구성 요소

브랜드 아이덴티티	브랜드 네임, 브랜드 로고, 브랜드 컬러, 브랜드 캐릭터, 브랜드 슬로건
메뉴	메뉴 구성, 원재료 선택, 조리 방식, 메뉴명, 프리젠테이션, 식기 선택, 메뉴 제공 방식
서비스	서비스 정도, 서비스 방식, 서비스 특성
분위기	SI(Store Identity), 음악(music), 조명(lighting), 유니폼(uniform), 사인(signage)
입지	지역, 입점 형태(free standing/building-in)
가격	가격, 좌석회전율, 식재료비, 인력 및 인건비, 임대료 수준, 할인정책

〈표 8〉 브랜드 아이덴티티의 도출

기능적 속성	맛의 동질성, 볼의 차별성, 메뉴의 다양성, 양의 풍부함, 시간 절약, 이벤트의 독창성, 접근 편의성, 인테리어의 간결성, 가격대비 맛과 양, 가격의 합리성		
이성적 혜택	통일성, 신속성, 다양성, 합리성, 편리성, 독창성, 전문성		
감성적 혜택	신선함, 생동감, 젊음	친근함, 즐거움, 정겨움	편안함, 재미있음
성격	▼ 독특함	▼ 공유성	▼ 편안함
브랜드 아이덴티티	⇩ 스파게티로 특화된 캐주얼 레스토랑		

〈표 9〉 브랜드 콘셉트 키워드의 개발

키워드	내용
다양성	메뉴와 이벤트의 다양성
통일성	각 매장 간 메뉴의 맛, 인테리어의 동질성
합리성	가격대비 맛과 양, 서비스의 만족감
신속성	시간 절약
전문성	네이밍에서의 전문성, 메뉴의 전문성
편리성	접근과 이용, 서비스의 편리성
신선함	음식의 신선함, 신선한 식자재, 이벤트와 제공 방식(홀서비스)의 새로움
생동감	동적이고 활발한 분위기, 생동감 있는 인테리어
젊음	매장 분위기, 주된 색상, 방문하는 고객과 직원의 젊음
친근함	고급스럽지 않고 대중적이며 부담스럽지 않은 친근함
즐거움	밝고 화사한 인테리어와 가격대비 맛과 양이 좋은 것에서 오는 즐거움
정겨움	오픈된 주방이나 인테리어, 함께 나눠먹는 정겨움
편안함	인테리어의 편안함, 위치의 편안함, 서비스나 가격 등의 심리적 편안함
재미	이벤트의 재미, 메뉴를 고르는 재미, 홀서비스의 재미
독특함	홀서비스의 독특함, 패밀리레스토랑과는 다른 분위기와 서비스
공유성	음식을 나눔으로서 얻게 되는 정서의 공유

〈표 10〉 콘셉트 도출 사례

고객 이미지	개성을 추구하는 여대생 (20대 여성)	해외여행 경험이 있는 젊은 세대	신세대 직장인	자유 직업가와 보보스족	아침 일찍 출근하는 직장인
고객 이익	자신만의 공간, 자유롭게 대화	해외에서 경험한 커피 맛	친구와 여유로운 대화, 독특하고 맛있는 장소	다양한 커피 선택, 노트북 PC이용	간단한 빵과 커피
입지 이미지	이대 앞, 대학로, 프레스센터, 명동역, 강남역, 삼성역, 코엑스, 역삼역, 광화문				
고객 서비스	창가 쪽 1인 좌석, 자유공간, 바리스타, 테이크아웃 서비스, 고객 맞춤 커피, 무선 랜 서비스, 포인트제도, 페이스트리				
고객 시나리오	창가에서 음악을 들으며 혼자 책을 본다, 커피향이 나는 포근한 소파에서 친구와 부담 없이 대화한다. 여자 친구와 극장에 가기 전에 만나서 영화 이야기를 하며 즐긴다, 직장 동료와 점심 식사 후 커피를 테이크아웃하여 마신다. 여기저기 뛰어다니다 자투리 시간에 무선 랜을 이용하여 업무를 한다, 일찍 출근하여 회사 근처에서 여유로운 아침을 시작한다.				
목표 콘셉트	세계 최고의 커피를 주문하여 직접 에스프레소 방식으로 즐길 수 있는 커피숍, 혼자 있을 때는 편안하게, 친구와 같이 있을 때는 즐겁게 대화할 수 있는 커피숍, 고객의 오감을 만족시켜주는 문화가 있는 커피숍				

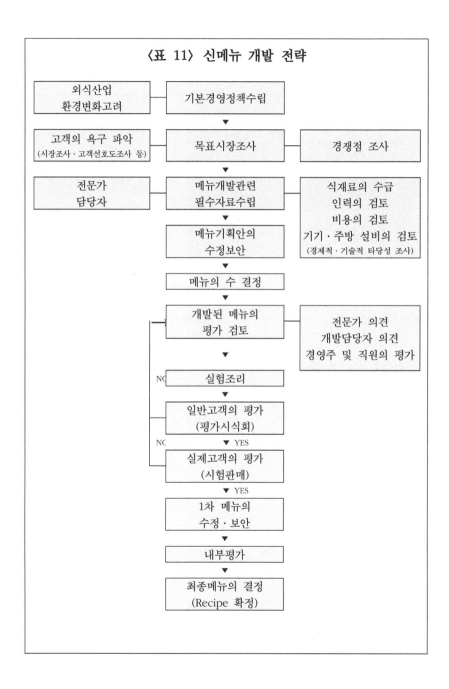

<표 11> 신메뉴 개발 전략

외식산업 환경변화고려	기본경영정책수립	

고객의 욕구 파악 (시장조사 · 고객선호도조사 등)	목표시장조사	경쟁점 조사

전문가 담당자	메뉴개발관련 필수자료수립	식재료의 수급 인력의 검토 비용의 검토 기기 · 주방 설비의 검토 (경제적 · 기술적 타당성 조사)

메뉴기획안의
수정보안

메뉴의 수 결정

개발된 메뉴의
평가 검토

전문가 의견
개발담당자 의견
경영주 및 직원의 평가

NO 실험조리

일반고객의 평가
(평가시식회)

NO ▼ YES

실제고객의 평가
(시험판매)

▼ YES

1차 메뉴의
수정 · 보안

내부평가

최종메뉴의 결정
(Recipe 확정)

〈표 12〉 메뉴의 적합성 평가

주요항목 및 평가요소	세부검토사항	
소비기호 (연령별, 직업별)	• 타깃연령대가 좋아하는 음식인가? • 음식이 깔끔하고 정갈한가? • 타깃연령대의 수준에 적합한가? • 계절 메뉴나 계절 식재료를 사용할 수 있는가? • 건강식, 다이어트식, 기능식인가? • 맛 유지와 양은 적절한가? • 메뉴가격대는 어떤가? • 어린이용 메뉴구비와 디저트는 준비되어 있는가? • 가족고객이 좋아하는가? • 단순식사로 적합한가? • 메뉴북은 깨끗하고 설명이 충분한가? • 행사메뉴(모임, 회식, 기타)로 적합한 메뉴인가?	
점포, 입지, 시장	• 주변 시장의 가격대는? • 접근성(편리성)은? • 시장성(시장수요)은? • 적합한 건물인가? • 경쟁상태는? • 성장 가능한 입지인가? • 유동인구는 얼마나 되는가? • 주차시설은 되어 있는가?	• 혐오시설은 없는가? • 홍보성(가시성)은? • 적합한 입지인가? • 점포규모는? • 상권내의 외식 성향은? • 집객 시설이 있는가? • 유동차량은 얼마나 되는가?
경영효율 (경영관리 계수관리)	• 매출이익은? • 객단가는? • 메뉴관리는 용이한가? • 점포관리는? • 구매의 난이도는?	• 회전율은? • 원가(재료비,인건비,제경비)는? • 서비스의난이도는? • 경영주의 메뉴 이해도는? • 직원 채용은?
식사형태	• 조식 • 중식 • 간식 • 석식 • 미드나이트	
판매방식	• 내점(Eat in) • 배달 • 포장판매 • 복합판매 가능성은?	

〈표 13〉 외식 브랜드 주기별 커뮤니케이션 전략

도입기 (사업홍보)	• 모델샵의 영업 활성화에 총력 • 언론에 기사화 • 브랜드 인지도 제고를 통해 계약 유도 • 체험마케팅을 통한 점포 이용유도 • 예비창업자 홍보
성장기 (성공모델의 정착)	• 기획 사업설명회 개최(명강사 초청 등) • 도입기보다는 광고 홍보 효력감소 • 성공사례 만들기 • 성공사례를 바탕으로 한 현장 확인계약 실적 기대 • 경쟁업체 진입 시 탄력적으로 시장 전략 전개
성숙기 (브랜드지명도 확대)	• 성공사례를 중심으로 한 계약 실적 증가 • 브랜드 정체성 관리 강화(표준화, 전문화, 단순화) • 유지광고/홍보시행 • 브랜드 이미지 관리 • 메뉴개발 및 보완
쇠퇴기 (현상유지/ 신규사업)	• 계약실적 쇠퇴 • 브랜드파워 유지 • 고객욕구 분석을 기초로 한 사업 컨셉 조정 • 재정비 및 제2브랜드 런칭 • R&D 성장전략

〈표 14〉 라이프 사이클에 따른 단계별 관리전략

구분	도입기	성장기	성숙기	쇠퇴기
소비자	소비 준비	소비 시작	소비 절정	소비 위축
경쟁업소	미약	증대	극대	감소
창업시기	창업 준비	창업 시작	차별화	업종변경
매출	조금씩 증가	최고로 성장	평행선	하락
제품 (메뉴)	지명도 낮다	지명도 급상승 및 모방 시작	지명도 최고 제품의 다양화	신 메뉴로 대체시기
유통 (판매)	저항이 높고 점두판매위주	저항 약화되고 주문이 쇄도	주문감소 가격파괴현상	가격파괴절정 생존경쟁으로 재정비
촉진	광고 및 PR 활동성행	상표를 강조하고 경쟁적	캠페인활동 성행 및 제품의 차별성 강조	수요는 판촉에 비해 효과가 미흡
가격	높은 수준	가격인하 정책실시	가격최저로 가격에 민감	재정비에 따른 가격 인상정책
커뮤니케이션	체험마케팅을 통한 이용유도	성공사례를 바탕으로 현장실적기대	유지강화 브랜드 정체성 관리강화, 성공사례를 중심으로 계약실적증가	계약실적 쇠퇴, 신규사업진출 모색, 고객욕구분석으로 사업 컨셉 조정
진행기간	1년차	2년차	3년차	4년차

⟨표 15⟩ 외식산업의 소득 수준별 발전

구분	GNP($)	성장과정	주요업체등장
1960년대	100 ~200	식생활의 궁핍 및 침체기(6·25전쟁 후), 밀가루 위주의 식생활 유입(미국 원조품), 분식의 확산 및 식생활 개선 문제 부상	뉴욕제과(67), 개업업소 및 노상 잡상인 대량 출현
1970년대	248 ~ 1,644	영세성 요식업의 우후죽순 출현, 경제 개발 계획에 따른 식생활 향상, 해외브랜드 도입 및 프랜차이즈 태동, 국내프랜차이즈 시작 : 난다랑(79.7), 서구식 외식업 시작 : 롯데리아(79.10)	가나안제과(76) 난다랑(79) 롯데리아(79)
1980년대 초반	1,592 ~ 2,158	외식 산업의 태동기(요식업→외식산업), 영세 난립형 체인점 출현(햄버거, 국수, 치킨 등), 해외 유명브랜드 진출 가속화	아메리카(80) 윈첼(82) 짱구짱구(82) 웬디스(84) KFC(84) 장터국수(84) 신라명과(84) 등
1980년대 후반	2,194 ~ 4,127	외식산업의 적응 성장기(중소기업, 영세업체난립), 식생활의 외식화·레저화·가공식품화 추세, 패스트푸드 및 프랜차이즈 중심 시장 선도, 패밀리 레스토랑·커피숍·호프점·베이커리·양념치킨 등 약진	맥도날드(86) 피자인(88) 코코스(88) 도투루(89) 나이스데이(89) 만리장성(86)
1990년대 초반	5,569 ~ 10,000	외국산업의 전환기(95년 산업으로서 정착), 중·대기업의 신규진출 러시 및 유명브랜드 도입, 프랜차이즈 급성장 및 도태, 시스템 출현(외식근대화)	나이스데이 씨즐러 스카이락 TGIF 등 아웃백, 빕스, 베니건스, 애슐리, 마르쉐 등

구분	GNP($)	성장과정	주요업체등장
1990년대 후반	6,500 ~ 9,800	IMF로 경기침체, 전체적인 침체, 불황 중 실직자들의 생계수단과 고용 창출 효과, 침체기에도 꾸준한 성장을 이룸, 다양한 형태의 소비패턴에 따른 점포의 변화	서울 경기지역 외식기업 포화 상태로 지방음식의 체인화와 수도권 중심의 패밀리 레스토랑의 지방 진출과 발전
2000년대 초반	10,000-15,000	웰빙 문화로 인한 패스트푸드의 변화, 광우병파동으로 일부 산업 심각한 타격, 조류독감으로 치킨업계 일시적인 위기, 꾸준한 발전으로 전체 국민 노동력의 50%이상 고용 창출한 거대산업으로 발전	프랜차이즈 포화, 국내 브랜드 등장
2000년대 후반	15,000-21,500	국내브랜드 프랜차이즈 대거 등장 및 대기업·식품업계의 외식산업 진출, 대기업 3세들의 외식산업진출(신세계:스타벅스로부터시작-투썸플레이스 등)	(할리스, 카페베네 등)
2010년대 초반	21,500 ~ 25,000	경기침체와 세월호 사건으로 인한 외식위주의 식단이 집으로 이동, 정부규제에 의한 외식분야와 식품분야의 위축	대기업 진출에 대한 정부규제, 상생과 공생의 기업 논리
2010년대 후반	25,000 ~ 30,000	대기업 외식산업이 상생과 공생을 내세운 중소기업 외식 정책으로 변화, 대기업의 외식산업 진출 금지, 외식문화의 침체기와 과다 경쟁	CS를 통한 기업 이익과 고객만족 공존

〈표 16〉 한국의 외식산업 발전과정

연대	발전내용	주요업체
1960년대 이전	• 전통 음식점 중심의 음식업 태동기 • 식생활 및 식습관의 가내 주도형 • 식량지원 부족(생존단계)	• 이문설렁탕(1907) • 용금옥(1930) • 한일관(1934) • 조선옥(1937) • 안동장(1940) • 고려당(1945) • 남포면옥(1948)
1960년대	• 6·25전쟁 후 식생활 궁핍 및 음식업 침체기 • 혼분식 확산(미국원조 밀가루 위주의 식생활)	• 삼양라면 최초 시판(1963) • 비어홀(1964) • 코카콜라(1966) • 뉴욕제과 신세계 본점 프랜차이즈 1호점(1968)
1970년대	• 해외브랜드 도입기 • 프랜차이즈 태동기 • 대중음식점 출현	• 난다랑(1979) 국내 프랜차이즈 1호 • 롯데리아(1979) 서구식 외식 시스템 시발점
1980년대	• 외식산업 전환기 • 해외브랜드 진출 가속화 • 국내 자생브랜드 난립 • 부산 아시안 게임(1986) • 서울 올림픽(1988)	• 아메리카나(1980) • 서울 프라자 호텔이 여의도 전경련 빌딩, 프라자(한식당), 도원(중식당), 연회장 운영(1980) • 윈첼도우넛, 버거킹(1982) • 서울 프라자호텔 열차식당 운영(1983) • 웬디스, 피자헛, KFC(1984) • 맥도널드(1986) • 피자인, 코코스, 크라운베이커리, 나이스데이, 놀부보쌈(1988)

연대	발전내용	주요업체
1990년대	• 외식산업 성장기 • 대기업 외식산업 진출 • 패밀리레스토랑 진출 • 전문점 태동	• TGIF 판다로시(1992) • 시즐러(1993) • 데니스, 스카이락, 케니로저스 (1994) • 토니로마스, 베니건스, 블루노트, BBQ(1995) • 마르쉐(1996) • 칠리스, 우노, 아웃백스테이크하우스(1997)
2000년대	• 외식산업의 전성기 • 식품업계의 외식산업 진출 • 대기업의 외식산업 점령 • 골목상권 장악 • 자금력에 의한 규모화	• 커피(음료)전문점의 강세, 포화 • 해외진출사례 (할리스 토종브랜드)
2010년	정부의 규제와 경기침체로 인한 외식산업 침체기, 외식업의 다양화를 통한 커피전문점의 활성화를 꾀하고 있으나 국내포화로 인한 도산위기, 해외진출의 판로가 절실	• 첫손님가게(2013년2월) -기부문화의 정착 • 공생과 상생의 기로 • 대기업의 골목상권진출 금지 등
2020년	• 프랜차이즈를 중심으로 한 한류 K-Food 확산 • 해외 진출 본격화 • 맛, 웰빙, 디테일이 주도 • 성장 정체	• 놀부 NBG • 치킨 브랜드 • CJ 푸드빌 해외 100호점(2012) • 파리바게트(2015년 해외 200호점 개설)

〈표 17〉 국내 프랜차이즈 산업의 변천사

시대별	구분	주요 브랜드 및 이슈
1970년대	**태동기** • 프랜차이즈 산업모델 국내 첫선 • 기업형 프랜차이즈 탄생	• 1977년 림스치킨 • 1979년 7월 국내 프랜차이즈 1호점 난다랑(동숭동) • 1979년 10월 롯데리아 소공동
1980년대	**도입 및 성장기** • 패스트푸드 도입에 따라 대기업 외식업진출 • 해외 패스트푸드 프랜차이즈 국내 진출 • 한식 프랜차이즈시작 (놀부보쌈/송가네왕족발/감미옥 등) • 88서울 올림픽 개최	• 1982년 페리카나 • 1983년 장터국수 • 1984년 KFC/버거킹/웬디스 • 1985년 피자헛/피자인/베스킨라빈스 • 1986년 파리바게트 • 1987년 투다리 • 1988년 코코스 • 1989년 도미노피자/놀부/멕시카나
1990년대	**성숙기** • 국내 프랜차이즈 기반 구축 • 국내 최초 패밀리 레스토랑 개념 도입 • 1988년 외환위기 • 1989년 (사)한국 프랜차이즈산업협회 설립	• 1990년 미스터피자 • 1991년 원할머니보쌈/교촌치킨 • 1992년 맥도날드/TGIF 사업개시 • 1993년 한솥도시락/미다래/파파이스 • 1994년 데니스/던킨도너츠 • 1995년 베니건스/토니로마스/씨즐러/BBQ • 1996년 김가네/마르쉐/쇼부 • 1997년 빕스/아웃백스테이크/칠리스/우노 • 1998년 쪼끼쪼끼/스타벅스/코바코 • 1999년 BBQ 국내 최초 가맹점 1000호점 달성 • 1999년 (사)한국프랜차이즈협회 설립인가

시대별	구분	주요 브랜드 및 이슈
2000년대	**해외진출 초창기** **일부 업종 포화기** • 국내 외식브랜드 중국, 일본 등 해외진출 가속화 2002년 한일 월드컵 개최 • 치킨프랜차이즈 붐업	• 2000년 미소야, 투다리 중국 청도 진출 • 2001년 퀴즈노스/매드포갈릭/사보텐/ 파스쿠찌 • 2002년 파파존스/본죽, 분쟁조정협의회 설치 • 2003년 프레쉬니스버그/명인만두/ 피쉬앤그릴/BBQ 중국 진출 • 2004년 크리스피크림도넛 • 2005년 뚜레쥬르 중국 진출 • 2006년 토다이, 놀부 일본 진출 • 2007년 BBQ 싱가포르 진출
2010년대	**저성장기** **해외진출 가속화** • 식재료 수급 불안정 • 해외진출 가속화 • 외식업관련 법과 제도 정비 • 중소기업 적합업종 선정 • 대기업 빵집 사업 철수 • 공정위 모범거래기준안 발표 • 가맹사업법 추진 • 음식점 금연구역 전면시행(2015) • 디저트 업종 활성화 • 일본, 유럽 등 해외디저트브랜드 도입 활발 • 소프트아이스크림, 팥빙수, 츄러스 등 브랜드 활성화	• 2010년 채선당 인도네시아 진출 • 2012년 파리바게뜨 중국 100호점, CJ푸드빌 해외 100호점 • 2011년 놀부 NBG, 美 모건스탠리PE에 지분 매각, 제스터스, 잠바주스, 망고식스 • 2012년 베코와플, 투뿔등심, 와플트리, 모스버거 • 2013년 바르다김선생, 고봉민김밥, 설빙, 깐부치킨, 이옥녀팥집, 족발중심, 미스터시래기, 고디바, 소프트리 • 2014년 자연별곡, 올반, 계절밥상 등 한식뷔페 • 2015년 11월 미스터 피자 중국 100호점 출점 • 2015년 12월 파리바게트 해외 200호점

〈표 18〉 시대별 외식브랜드(메뉴)콘셉트의 변화추이

메뉴	시대	외식 브랜드
햄버거	1980~1985	롯데리아, 아메리카나, 빅웨이
면류	1986~1988	장터국수, 다림방, 다전국수, 민속마당, 국시리아, 참새방앗간
양념치킨	1988~1990	페리카나, 처갓집, 림스치킨
보쌈	1990~1992	놀부보쌈, 촌집보쌈, 할매보쌈
우동		언가, 천수, 나오미, 기소야
신개념퓨전 레스토랑		(피자, 햄버거, 아이스크림, 통닭 등 모두 판매) 굿후렌드, 코넬리아, 아톰플라자, 해피타임
쇠고기뷔페	1992~1993	엉클리 외
커피		쟈뎅, 미스터커피, 왈츠, 브레머
피자	1993~1994	시카고피자, 피자헛, 도미노피자
피자뷔페	1994~1996	베네벤토, 아마토, 오케이, 베니토, 카이노스
탕수육		탕수 탕수 외
김밥		종로김밥, 김가네김밥, 압구정김밥
조개구이	1996~1997	조개굽는 마을, 미스조개 열받네, 바다이야기, 조개부인 바람났네
칼국수		봉창이해물칼국수, 유가네칼국수, 우리밀칼국수
북한음식		모란각, 통일의 집, 고향랭면, 발용각, 진달래각
요리주점	1997~1999	투다리, 칸, 천하일품, 대길, 기린비어페스타

메뉴	시대	외식 브랜드
찜닭		봉추찜닭, 고수찜닭, 계백찜닭
참치		참치명가, 동신참치, 동원참치
에스프레소 커피	1999~2001	할리스, 커피빈, 프라우스타, 이디야
돈가스		라꾸라꾸, 하루야, 패밀리언
생맥주		쪼끼쪼끼, 해피리아, 블랙쪼끼, 비어캐빈
아이스크림		레드망고, 아이스베리
회전초밥	2001~2003	스시히로바, 사까나야, 기요스시
하우스맥주		오키스브로이하우스, 플래티늄, 도이치브로이하우스
불닭		홍초불닭, 화계, 땡초불닭
퓨전 오므라이스	2004~2005	오므토토마토, 오므라이스테이, 오므스위트, 에그몽
중저가 샤브샤브		정성본, 채선당, 어바웃샤브
베트남 쌀국수		호아빈, 포베이, 포메인, 포타이

메뉴	시대	외식 브랜드
해물떡찜	2006~2007	해물떡찜0410, 크레이지페퍼, 홍가네해물떡찜
정육형 고깃집	2006~2007	다하누촌, 산외한우마을
저가 쇠고기		아지매, 우스, 꽁돈, 우쌈, 우마루, 행복한 우담
국수	2008~2009	(비빔국수, 잔치국수)망향비빔국수, 명동할머니국수, 산두리비빔국수, 닐니리맘보
일본라멘		하코야, 멘쿠샤, 라멘만땅, 이찌멘
카페	2008~2013	스타벅스, 카페베네, 파리바게뜨
떡볶이	2011~2012	아딸, 죠스, 국대, 동대문엽기떡볶이
샐러드, 집밥	2013~2014	샐러드뷔페, 계절밥상, 자연별곡
디저트카페	2015~2017	몽슈슈, 초코렛바, 빙수 등 디저트

〈표 19〉 업종별 음식점업 현황(2015년 기준)

분류		업체수		종사자수	
		(개)	%	(명)	%
음식점업	한식점업	299,477	65.1	841,125	59.9
	한식점 제외한 총합	159,775	34.9	562,513	40.1
	중국 음식점업	21,503	4.7	76,608	5.5
	일본 음식점업	7,466	1.6	33,400	2.4
	서양 음식점업	9,954	2.2	67,279	4.8
	기타 외국식 음식점업	1,588	0.3	8,268	0.6
	기관 구내 식당업	7,830	1.7	48,000	3.4
	출장 및 이동 음식업	511	0.1	2,620	0.2
	기타 음식점업	110,923	24.2	326,338	23.2
	소계	459,252	100.0	1,403,638	100.0
주점 및 비알콜 음료점업		176,488		420,576	
음식점업(합계)		635,740		1,824,214	

⟨표 20⟩ 사업장 면적규모별 음식점 분포도(2015년 기준)

사업장 면적규모		음식점수(개)	(%)
30㎡ 미만	(9.3평)	75,977	12.0
30㎡~50㎡	(9.3평~15.4평)	131,003	20.6
50㎡~100㎡	(15.4평~30.9평)	271,277	42.7
100㎡~300㎡	(30.9평~92.6평)	135,299	21.3
300㎡~1,000㎡	(92.6평~302.5평)	19,856	3.1
1,000㎡~3,000㎡	(302.5평~907.5평)	2,057	0.3
3,000㎡	(907.5평)	271	0.1
합 계		635,740	100.0

⟨표 21⟩ 종사자 규모별 음식점(주점업포함)

(2015년 기준)

종사자규모	음식점수(개)	(%)	종사자수(명)	(%)
1~4명	559,338	88.0	1,170,619	64.2
5~9명	61,176	9.6	375,014	20.6
10~19명	11,685	1.8	147,249	8.0
20명 이상	3,541	0.6	131,332	7.2
합계	635,740	100.0	1,824,214	100.0

⟨표 22⟩ 년 매출규모별 음식점 및 종사원 분포도

(2015년 기준)

매출규모	음식점수(개)	(%)	종사원수(명)	(%)
50 만원 미만	156,598	34.1	282,449	20.2
50~100만원	150,523	32.8	347,310	24.7
100~500만원	132,474	28.8	503,483	365.9
500~1000만원	15,862	3.4	152,236	10.8
1000만원 이상	4,294	0.9	118,160	8.4
합계	459,252	100.0	1,403,638	100.0

〈표 23〉 음식점업 시도별 현황(2015)

구분	사업체수	사업체수 비중	종사자수	매출액	업체당 매출액	1인당 매출액
전국	635.7	100	1,824.2	79,579.6	125.1	43.6
서울	116.8	18.4	409.1	19,559.5	167.4	47.8
부산	47.1	7.4	135.7	5,921.2	125.6	43.6
대구	31.4	4.9	84.8	3,513.7	112.0	41.5
인천	29.8	4.7	85.1	3,845.9	128.9	45.2
광주	17.1	2.7	50.3	2,163.1	126.3	43.0
대전	18.3	2.9	54.2	2,559.1	140.0	47.8
울산	16.1	2.5	42.9	2,043.7	126.9	47.6
세종	1.6	0.2	4.1	185.2	116.7	44.7
경기	126.7	19.9	387.3	17,754.4	140.1	45.8
강원	29	4.6	68.8	2,521.8	86.9	36.7
충북	22.7	3.6	56.4	2,227.0	98.0	39.5
충남	28.2	4.4	71.8	3,056.2	108.3	42.6
전북	22.7	3.6	60.2	2,202.3	96.9	36.6
전남	25.6	4.0	60.7	2,262.0	88.5	37.3
경북	41.8	6.6	95.6	3,788.9	90.6	39.6
경남	49.9	7.8	125.4	4,906.1	98.3	39.1
제주	10.8	1.7	31.7	1,039.6	96.5	32.8

〈표 24〉 프랜차이즈 산업 주요 3개국 현황

구분	한국(2015년)	일본(2012년)	미국(2010년)
가맹본부 수	3,482	1,281	2,300
가맹점 수	207,068	240,000	767,000
매출액(년)	약 102조	약 22조 287억 엔	1조 달러
고용인원	124만	200~300만	1,740만
외식업 비중	본부 72% 가맹점 44%	외식업 17.5% (매출기준) 외식업 41.8% (본부기준)	외식업 42% 패스트푸드 31%

〈표 25〉 외식 프랜차이즈 현황

구분	외식가맹 본부 수	전체가맹 본부 수	외식가맹점 수	전체가맹점 수
2011	1,309(64%)	2,042	60,268(40.5%)	148,719
2012	1,598(66.4%)	2,405	68,068(39.8%)	170,926
2013	1,810(67.5%)	2,678	72,903(41.3%)	176,788
2014	2,089(70.3%)	2,973	84,046(44.1%)	190,730
2015	2,251(72.4%)	3,482	88,953(45.8%)	194,199

〈표 26〉 국내 프랜차이즈 현황(2015 기준)

가맹본부	가맹점
외식업 72%	외식업 46%
서비스업 19%	서비스업 31%
도·소매업 9%	도·소매업 23%

〈표 27〉 국내 프랜차이즈 현황(2015 기준)

년도	가맹본부 수	가맹브랜드 수	직영점 수	가맹점 수
2010년	2,042	2,550	9,477	148,719
2015년	3,482	4,288	12,869	194,199

〈표 28〉 국내 프랜차이즈 업종별 브랜드 수(단위:개)

년도	전체	외식업	서비스업	도소매업
2011년	2,947	1,942	593	392
2012년	3,311	2,246	631	434
2013년	3,691	2,263	743	325
2014년	4,288	3,142	793	353

〈표 29〉 국내 외식 프랜차이즈 가맹점 수(단위:개)

치킨	한식	주점	피자·햄버거
22,529	20,119	10,934	8,542
커피전문점	**제빵·제과**	**분식·김밥**	**일식·서양식**
8,456	8,247	6,413	2,520

〈표 30〉 외식 업종별 신생률(단위:%)

업종	수도권				비수도권
	서울	인천	경기	평균	
한식음식점	7.6	8.1	7.9	**7.8**	7.1
중식음식점	7.5	5.4	8.4	**7.7**	5.3
일식음식점	10.7	6.5	11.1	**10.5**	9.0
경양식음식점	9.9	13.6	11.8	**10.6**	10.8
패스트푸드점	9.4	10.9	12.1	**10.8**	13.4
치킨전문점	10.2	10.8	10.7	**10.5**	10.9
분식음식점	6.4	11.5	11.3	**8.5**	9.9
주점	9.6	8.4	10.2	**9.7**	8.0
커피숍	20.7	22.1	24.7	**22.5**	20.0

〈표 31〉 업종별 활동업체수 증감률(단위:%)

업종	수도권				비수도권
	서울	인천	경기	평균	
한식음식점	-1.3	-0.5	-1.1	**-1.1**	-0.4
중식음식점	0.1	-2.1	0.2	**-0.1**	-1.6
일식음식점	3.3	0.6	3.4	**3.1**	3.3
경양식음식점	1.6	5.7	3.5	**2.3**	2.0
패스트푸드점	-0.7	4.0	5.3	**2.4**	7.0
치킨전문점	1.4	0.9	2.9	**2.1**	3.8
분식음식점	-3.4	0.7	1.4	**-1.4**	1.9
주점	-0.3	0.2	0.9	**0.3**	1.2
커피숍	15.1	20.8	20.7	**18.0**	13.1

〈표 32〉 업종별 5년 생존율(단위:%)

업종	수도권				비수도권
	서울	인천	경기	평균	
한식음식점	55.4	57.0	56.4	**56.0**	61.7
중식음식점	63.5	69.6	61.4	**63.1**	72.2
일식음식점	59.5	50.0	57.3	**58.2**	68.0
경양식음식점	61.4	48.7	59.3	**60.5**	61.2
패스트푸드점	53.0	69.4	60.4	**58.2**	63.9
치킨전문점	61.9	54.7	59.8	**60.0**	63.4
분식음식점	49.9	54.0	49.8	**50.4**	58.0
주점	59.0	63.9	58.2	**59.1**	65.7
커피숍	57.4	64.8	48.7	**54.5**	51.6

〈표 33〉 수도권 업종별 생존기간 10년 미만 비율

업종	수도권(%)				비수도권(%)
	서울	인천	경기	평균	
한식음식점	53.9	50.4	56.7	**54.9**	45.9
중식음식점	47.3	45.2	53.7	**49.9**	37.5
일식음식점	63.5	46.4	62.2	**61.7**	54.0
경양식음식점	59.4	64.5	64.7	**61.2**	56.7
패스트푸드점	78.2	73.8	69.4	**73.7**	62.6
치킨전문점	68.5	69.7	71.6	**70.3**	66.5
분식음식점	43.6	65.7	64.3	**52.7**	57.0
주점	58.8	52.0	61.3	**59.1**	55.3
커피숍	86.5	76.2	84.4	**84.5**	70.3

〈표 34〉 업종별 상주인구기준 포화도 상위 지역

업종	서울	인천	경기
한식음식점	중구(3.6)	옹진군(2.1)	가평군(3.5)
중식음식점	중구(3.5)	중구(2.3)	가평군(2.8)
일식음식점	중구(3.8)	강화군(1.9)	평택시(2.9)
경양식음식점	종로구(2.9)	중구(2.0)	포천시(3.0)
패스트푸드점	강남구(4.7)	중구(1.5)	가평군(3.6)
치킨전문점	중구(2.4)	동구(1.6)	연천군(2.7)
분식음식점	종로구(3.3)	동구(1.9)	연천군(4.0)
주점	마포구(2.4)	부평구(1.3)	구리시(2.5)
커피숍	중구(3.9)	강화군(1.8)	연천군(3.2)

〈표 35〉 2015년 활동업체 현황(단위:개,%)

| | | 전국 | 수도권 | | | | 비수도권 |
			서울	인천	경기	평균	
한식 음식점	개수	289,358	53,092	11,408	58,235	**122,735**	166,623
	증감	-2,015	-680	-56	-623	**-1,359**	-656
	증감률	-0.7	-1.3	-0.5	-1.1	**-1.1**	-0.4
중식 음식점	개수	21,428	4,030	999	3,970	**8,999**	12,429
	증감	-218	4	-21	6	**-11**	-207
	증감률	-1.0	0.1	-2.1	0.2	**-0.1**	-1.6
일식 음식점	개수	12,784	4,844	645	2,499	**7,988**	4,796
	증감	394	155	4	82	**241**	153
	증감률	3.2	3.3	0.6	3.4	**3.1**	3.3
경양식 음식점	개수	27,023	9,463	575	4,141	**14,179**	12,844
	증감	568	148	31	139	**318**	250
	증감률	2.1	1.6	5.7	3.5	**2.3**	2.0
패스트 푸드점	개수	8,283	1,738	366	1,837	**3,941**	4,342
	증감	378	-13	14	93	**94**	284
	증감률	4.8	-0.7	4.0	5.3	**2.4**	7.0
치킨 전문점	개수	36,895	5,745	1,987	8,966	**16,698**	20,197
	증감	1,085	80	18	250	**348**	737
	증감률	3.0	1.4	0.9	2.9	**2.1**	3.8
분식 음식점	개수	41,454	12,075	2,094	7,171	**21,340**	20,114
	증감	73	-423	15	102	**-306**	379
	증감률	0.2	-3.4	0.7	1.4	**-1.4**	1.9
주점	개수	65,775	12,396	3,908	13,941	**30,245**	35,530
	증감	512	-39	6	120	**87**	425
	증감률	0.2	-0.3	0.2	0.9	**0.3**	1.2
커피숍	개수	50,270	11,055	2,446	9,712	**23,213**	27,057
	증감	6,666	1,453	421	1,664	**3,538**	3,128
	증감률	15.3	15.1	20.8	20.7	**18.0**	13.1

⟨표 36⟩ 국내 주요 50개 외식업체 2016년 실적

	법인명	대표브랜드	매출액		
			2016년	증감률	2015년
1	파리크라상	파리바게뜨	1,777,178,739,028	2.86%	1,727,743,711,101
2	CJ푸드빌	빕스	1,250,423,221,494	3.66%	1,206,274,856,583
3	스타벅스코리아	스타벅스	1,002,814,318,251	29.58%	773,900,207,510
4	롯데GRS	롯데리아	948,881,502,698	-1.17%	960,107,706,719
5	이랜드파크	애슐리	805,448,929,846	11.06%	725,259,064,288
6	농협목우촌	또래오래	539,706,247,053	06.05%	574,447,698,787
7	비알코리아	던킨도너츠	508,589,410,709	-2.24%	520,244,187,126
8	교촌에프앤비	교촌치킨	291,134,570,511	13.03%	257,568,343,023
9	비케이알	버거킹	253,165,340,964	-9.10%	278,519,490,955
10	제너시스BBQ	BBQ	219,753,548,128	1.80%	215,859,733,466
11	청오디피케이	도미노피자	210,258,669,230	7.61%	195,397,386,682
12	해마로푸드서비스	맘스터치	201,871,094,029	35.82%	148,630,305,769
13	에스알에스코리아	KFC	177,025,154,533	1.32%	174,724,909,649
14	더본코리아	새마을식당	174,871,404,102	41.18%	123,861,782,375
15	본아이에프	본죽	161,915,426,742	12.99%	143,298,606,904
16	이디야	이디야커피	153,544,611,986	13.30%	135,521,376,709
17	지앤푸드	굽네치킨	146,963,838,585	49.35%	98,403,070,608
18	커피빈코리아	커피빈	146,020,774,483	5.10%	138,938,692,307
19	할리스에프앤비	할리스커피	128,620,870,080	18.45%	108,584,230,041
20	놀부	놀부부대찌개	120,371,880,274	0.61%	119,644,883,536
21	엠피그룹	미스터피자	97,057,713,543	-12.03%	110,334,442,101
22	한솥	한솥도시락	93,450,170,833	8.69%	85,977,883,670
23	탐앤탐스	탐앤탐스	86,904,811,559	-2.09%	88,763,650,721
24	아모제푸드	카페아모제	77,709,476,186	-10.79%	87,021,856,784
25	카페베네	카페베네	76,579,195,280	-30.45%	110,110,201,113
26	토다이코리아	토다이	75,712,432,549	1.81%	74,366,111,820
27	원앤원	원할머니보쌈	75,335,571,616	-1.76%	76,685.431,644
28	디딤	신마포갈매기	65,752,103,510	6.20%	61,915,832,179
29	엔티스	경복궁	64,214,566,518	0.04%	64,191,883,374
30	전한	깡깡술래	62,605,427,065	16.76%	53,617,791,947

	법인명	대표브랜드	영업이익		
			2016년	증감률	2015년
1	파리크라상	파리바게뜨	66,466,341,645	-2.83%	68,401,992,788
2	CJ푸드빌	빕스	7,612,835,874	-27.61%	10,515,825,667
3	스타벅스코리아	스타벅스	85,263,869,944	80.87%	47,141,285,776
4	롯데GRS	롯데리아	19,265,680,668	43.52%	13,423,529,274
5	이랜드파크	애슐리	-13,042,395,296	적자지속	-18,567,855,117
6	농협목우촌	또래오래	2,388,904,185	-43.58%	4,234,412,263
7	비알코리아	던킨도너츠	40,507,512,902	-21.78%	51,789,190,475
8	교촌에프앤비	교촌치킨	17,697,273,857	16.81%	15,150,420,135
9	비케이알	버거킹	10,753,419,177	-11.41%	12,138,378,984
10	제너시스BBQ	BBQ	19,119,575,719	37.65%	13,889,867,948
11	청오디피케이	도미노피자	26,148,974,238	14.85%	22,763,349,909
12	해마로푸드서비스	맘스터치	17,257,002,377	93.95%	8,897,630,011
13	에스알에스코리아	KFC	-12,262,188,782	적자전환	2,519,865,023
14	더본코리아	새마을식당	19,762,485,462	80.08%	10,974,482,886
15	본아이에프	본죽	9,643,020,060	108.54%	4,624,133,933
16	이디야	이디야커피	15,785,054,983	-3.36%	16,333,174,813
17	지앤푸드	굽네치킨	14,074,334,840	150.02%	5,629,268,870
18	커피빈코리아	커피빈	6,415,508,347	63.97%	3,912,507,369
19	할리스에프앤비	할리스커피	12,733,558,418	85.71%	6,856,590,390
20	놀부	놀부부대찌개	4,471,311,917	71.67%	2,604,572,263
21	엠피그룹	미스터피자	-8,906,726,136	적자지속	-7,258,907,426
22	한솥	한솥도시락	7,537,969,650	-3.90%	7,844,235,483
23	탐앤탐스	탐앤탐스	2,361,398,129	-46.33%	4,399,702,445
24	아모제푸드	카페아모제	-691,750,183	적자지속	-514,452,289
25	카페베네	카페베네	-554,827,454	적자지속	-4,381,991,762
26	토다이코리아	토다이	1,890,163,061	-34.38%	2,880,632,811
27	원앤원	원할머니보쌈	1,906,415,161	28.04%	1,488,921,918
28	디딤	신마포갈매기	5,531,547,756	109.18%	2,644,406,000
29	엔티스	경복궁	3,495,529,796	6.93%	3,268,846,170
30	전한	강강술래	6,253,723,716	156.51%	2,438,038,325

	법인명	대표브랜드	당기순이익		
			2016년	증감률	2015년
1	파리크라상	파리바게뜨	55,101,759,875	6.56%	51,707,226,710
2	CJ푸드빌	빕스	5,213,030,763	흑자전환	-7,399,515,626
3	스타벅스코리아	스타벅스	65,250,646,249	130.68%	28,286,458,919
4	롯데GRS	롯데리아	-11,328,471,862	적자지속	-57,188,774,814
5	이랜드파크	애슐리	-80,415,701,255	적자전환	3,259,340,450
6	농협목우촌	또래오래	176,061,903	-96.06%	4,474,241,678
7	비알코리아	던킨도너츠	35,748,612,156	-17.04%	43,090,305,701
8	교촌에프앤비	교촌치킨	10,333,269,262	48.13%	6,975,624,101
9	비케이알	버거킹	8,041,478,568	-6.98%	8,644,484,103
10	제너시스BBQ	BBQ	5,622,355,657	-25.79%	7,575,978,570
11	청오디피케이	도미노피자	20,886,060,816	15.86%	18,027,199,494
12	해마로푸드서비스	맘스터치	9,295,865,326	52.53%	6,094,487,395
13	에스알에스코리아	KFC	-18,989,243,531	적자전환	1,239,410,933
14	더본코리아	새마을식당	19,246,938,573	176.53%	6,960,110,664
15	본아이에프	본죽	6,541,937,183	666.68%	853,282,435
16	이디야	이디야커피	11,157,627,325	-14.73%	13,085,209,896
17	지앤푸드	굽네치킨	9,051,485,230	98.68%	4,555,730,841
18	커피빈코리아	커피빈	4,274,213,864	68.04%	2,543,614,329
19	할리스에프앤비	할리스커피	9,112,688,828	97.97%	4,603,109,833
20	놀부	놀부부대찌개	34,729,365	흑자전환	-1,185,695,358
21	엠피그룹	미스터피자	-13,169,290,522	적자지속	-5,685,686,269
22	한솔	한솥도시락	5,937,412,411	-6.94%	6,379,860,772
23	탐앤탐스	탐앤탐스	-2,700,843,324	적자전환	1,006,075,983
24	아모제푸드	카페아모제	-2,894,719,809	적자지속	-2,831,863,842
25	카페베네	카페베네	-24,199,662,544	적자지속	-33,998,615,819
26	토다이코리아	토다이	-302,769,030	적자전환	60,192,423
27	원앤원	원할머니보쌈	1,050,809,166	-46.68%	1,970,922,444
28	디딤	신마포갈매기	3,882,856,783	206.73%	1,265,883,943
29	엔티스	경복궁	870,450,996	62.51%	535,619,685
30	전한	강강술래	4,044,752,337	204.26%	1,329,361,651

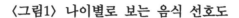

〈그림1〉 나이별로 보는 음식 선호도

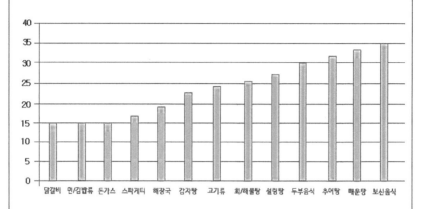

〈표 37〉 외식장소 선택기준

연도	식당 선택기준
1985년	가격, 맛, 위생
1990년	맛, 청결, 가격
1995년	맛(87.1%), 서비스(4.6%), 분위기(4.4%)
2000년	맛(77%), 서비스(37.4%), 분위기(32.7%)
2005년	맛(72.3%), 가격(15.5%), 양(4.4%)
2010년	맛(71.2%), 분위기(10.2%), 교통(8.4%)
2015년	맛(82.6%), 분위기(25.2%), 교통(21.3%)
2017년	맛(77.3%), 분위기(7.1%), 가까운 위치와 교통(6.8%)

〈표 38〉 상권별 특징

구분	특징
오피스	- 말, 저녁 공백. - 직장인 상권의 경우 짧은 이동을 선호하는 경향이 강하여 어디에 입지하는가가 중요함. - 따라서 오피스 이면 유동인구가 많은 곳이 상대적으로 유리. - 직장인을 목표시장으로 하는 만큼 규모를 크게 하고 현대화된 환경으로 창업하는 것이 유리.
역세권	- 영업시간이 상대적으로 길고 자영업자의 피로도가 큼. - 24시간 성황, 주말 유입인구가 크고 업종이 다양하며 유흥성향이 상대적으로 강한 상권 곱창전문점은 B급지에 입지하는 것이 적당,
대학가	- 찾아다니며 소비하는 성향이 강해 상권이 넓게 형성. 따라서 입지 선택의 여건이 상대적으로 양호.
주택가	- 평일 공백 - 가족단위 소비자를 유입할 수 있는 환경을 구축하는 것이 필요
전문 쇼핑가	- 업종별 군집형태로 상권 발달 - 쇼핑가 자영업자를 목표시장으로 전문상가 인근에 입지

〈표 39〉 보쌈전문점 최적의 상권입지

적합상권 유형		장 · 단점
제1후보지 주택가 진입로변상권	장 점	보쌈전문점 주 수요층의 접근성이 좋은 대단위 주택가 진입로 변 1층 매장이 가장 적합하다.
	단 점	주택가 상권의 경우 직장인 수가 적다. 점심 매출이 기대만큼 나오지 않을 수 있다.
제2후보지 아파트 주거지역	장 점	거주밀집지역의 틈새상권도 좋다. 배달을 전문으로 하는 소규모 업체라면 적극 추천한다.
	단 점	틈새 입지개발이 쉬운 일이 아닌 만큼 단골을 만들기 위한 노력이 필요하다.
제3후보지 역세권, 오피스밀집 상권	장 점	직장인 유동인구가 많은 역세권이나 오피스밀집상권, 먹자상권은 어떤 아이템이 들어가도 반은 먹고 들어갈 수 있다.
	단 점	보증금, 월세, 권리금이 높아 매출은 높으나 수익성이 떨어질 수 있다.

〈표 40〉 장어전문점의 최적 상권입지

제1후보지 사무실 밀집지역 및 도심 오피스상권 먹자골목		제2후보지 도심외곽 관광지 및 강변상권		제3후보지 주택가로 이어지는 대로변	
장점	단점	장점	단점	장점	단점
주택가 상권보다는 관공서 주변상권과 회식 수요가 있는 사무실 밀집지역이 적합하다. 30~50대 남성들의 분포가 많은 지역이라 장어의 수요가 많다.	직장인들을 대상으로 하는 저렴한 가격의 점심 메뉴를 개발해야 한다. 주5일 근무로 주말 매출이 저조할 수 있다.	장어 전문점은 보양식품이라는 인식이 크기 때문에 도심 한가운데보다 외곽지역에서 장어를 찾는 사람들이 많다. 임진강 일대, 고창 선운사 일대, 남양주 운길산역 일대가 장어타운이 형성된 이유다.	주말고객층과 평일고객층의 편차가 크다는 점이다. 수도권 상권의 경우 평일 접근성이 높은 지역 선정이 중요하다.	장어전문점 특성상 주택가 진입로 대로변 매장이 관건이다. 눈에 띄는 입지가 목적 구매고객을 공략할 수 있다.	평일 낮 매출을 담보하기 어렵다. 주부들의 계모임이나 동네의 크고 작은 행사를 유치하는 등 매출증대를 위한 전략을 세울 필요가 있다.

〈표 41〉 갈비 전문점의 최적의 상권입지

적합상권 유형		장·단점
제1후보지 **(대단위 아파트** **상권 내 외식상권)**	**장점**	갈비 전문점의 주 수요층이라고 할 수 있는 주부·가족단위고객을 공략하는 데는 1만 세대 이상이 거주하는 아파트상권이 적합하다
	단점	아파트상권의 경우 분양가 거품으로 인해 점포임대가가 높기 때문에 자칫 투자 수익률이 떨어질 수 있는 위험성이 있다.
제2후보지 **(주택가상권 대로변** **입지)**	**장점**	갈비 전문점은 대형화 전문화 바람을 타고 있는 아이템이다. 가시성과 접근성이 좋은 주택가 상권 진입로 대로변을 추천한다. 대형매장을 공략한다면 지역의 랜드마크 역할을 하면서 안정 수익을 확보할 수 있다.
	단점	대형 매장의 경우 점포구입비와 점포 시설투자비가 높다. 초기투자 비용이 상당하므로 쉽사리 진행하기 어렵다.
제3후보지 **(역세상권 내** **먹자골목)**	**장점**	지속적인 안정 수요층을 확보하는 데는 역세상권의 먹자골목도 나쁘지 않다.
	단점	먹자골독 내의 경쟁점포가 많기 때문에 자칫 먹자골목 경쟁우위를 점유하지 못한다면 상권 내 경쟁구도에서 밀려날 수 있는 위험성이 높다.

〈표 42〉 닭갈비 전문점, 대학가·먹자골목 최적의 상권 입지

적합상권 유형		장·단점
제1후보지 (지하철역 인근 먹자골목)	장점	지하철역 인근 먹자골목이나 중심상가 이면도로는 닭갈비 전문점의 최적 입지다. 내부가 들여다보이는 1층 매장이면 더욱 좋다. 우선 유동인구가 많고, 저녁모임이 많이 이루어지는 곳이라 소모임이나 회식수요가 많다.
	단점	주 영업시간이 밤이기 때문에 늦은 시간까지 영업을 해야 한다. 체력이 뒷받침되지 않으면 운영에 차질을 빚을 수 있다.
제2후보지 (대학가 주변)	장점	닭갈비에 대한 선호도가 가장 높은 계층이 모이는 지역이다. 맛과 서비스에 관리를 잘하면 단골손님 확보가 용이하다.
	단점	점포 구입단계에서 투자비용이 높다. 물건을 구하기도 쉽지 않다. 어설프게 접근하면 손해만 볼 확률이 높다.
제3후보지) (사무실주변 유동인구 많은 곳)	장점	직장인들의 모임 장소로 콘셉트를 잡는 게 중요하다. 점심메뉴를 개발해 점심영업을 기대 할 수 있다.
	단점	주말 매출을 기대하기 어렵다. 저녁 매출이 중요한 업종이지만, 퇴근시간대 매출이 생각만큼 나오지 않을 가능성도 있다.

관통도로와 교통량에 따른 매출

관통도로란 시 경계선에서 시내와 시외를 연결하는 주요 도로를 말한다. 적은 자본으로 음식 장사로 한몫 잡고 싶다면 이들 관통도로의 교통량을 분석하는 것이 좋다. 국내에는 도시 크기가 매우 크고 근처에 거대 위성 도시를 끼고 있어도 관통도로에 하루 20만대가 넘는 교통량을 보이는 지역이 없다. 그럼 관통 도로의 교통량이 대강 어느 정도이면 음식점의 장사가 잘되는 것일까?

교통량이 많이 발생하는 관통 도로에는 도로를 따라 여러 개의 핵심 상권이 자생하고 있다. 음식점을 이 핵심 상권에 입점시키는 것도 좋은 방법이지만 건물 임대료가 비싸다. 이럴 경우에는 교통량을 믿고 대로변에 음식점을 입점시키는 것도 생각해볼 만하다. 남태령 고개를 예로 들어보면, 남태령 고개는 경기도 과천과 서울 사당동을 연결하는 고개 이름이다. 이 고개를 따라 서울 방향으로 발전한 상권이 사당동 역세권이다. 그 밑으로는 방배동 상권이 있다. 예전에는 시계를 연결하는 단순한 도로에 불과했으나 서울 외곽에서 서울 시내로 출퇴근하는 사람들이 많아지면서 사당동은 대형 상권으로 발전하였다.

관통 도로와 같은 대로변에 음식점을 입점시킬 때는 하루 평균 5만 대 정도의 교통량이 발생하는 도로로 생각해볼 만하다. 5만 대 수준이면 대강 맛이 있거나 분위기가 있는 요식업소라면 매출이 일정 이상으로 발생한다.

그렇다면 교통량 계산은 어떻게 하나? 어떤 한 지점의 교통량은 일반적으로 출근이 시작되는 아침 7시를 전후로 해서 늘어나기 시작한 뒤 8시부터 9시 사이가 그날의 최고 피크 타임이 된다. 그런 뒤 교통량이 일정 수준으로 계속 유지되다가 오후 퇴근 시간이 되자 교통량이 다소 늘어났다가 새벽 1시면 현저하게 줄어든다는 공통점이 있다.

즉 아침 9시대에 피크를 이루고 점심을 전후로 약간씩 줄어들었다가 저녁 퇴근 시간대에 다시 피크를 이룬 뒤 새벽 1시까지 천천히 감소하다가 새벽 1시를 넘으면 현저하게 줄어든다. 이로 인해 아침 피크 시간대의 교통량과 교통량이 제일 적은 새벽 4시경의 교통량은 3배에서 5배 정도의 차이가 발생한다.

교통량 조사 방식

관통 도로에서의 교통량은 오전(07~09시), 점심(11~14시), 퇴근 시간(17~19시) 사이에 측정한다. 새벽 1시부터 아침 7시까지의 교통량은 피크 타임의 3분의 1로 계산한 후 평균을 잡으면 하루 교통량의 윤곽이 대강 잡힌다.

일반적으로 주거 지역에서는 21시~23시 사이에 교통량이 점차 줄어들지만, 심야 영업이 활발한 지역은 21시~23시경에 다소 교통량이 늘어나는 특징을 가지고 있다. 따라서 술집을 창업하려면 그 지역(먹자골목 등)의 밤 21시부터 23시까지의 교통량을 측정하는 것이 좋다. 만일 21시를 기준으로 시간당 교통량의 유입 유출 합계가 3천대 이상이라면 그 지역은 심야 상권이 활발한 지역이라고 볼 수 있다.(밤 9시부터 10시까지 3천대 이상의 유동량을 보이는 도로라면 그 도로는 교통 정체가 상당히 심한 도로라고 말할 수 있다.)

〈표 43〉 서울의 관통 도로 교통량

도로 명	교통량(대)
양재대로	약 13만
시흥대로	약 12만
하일동	약 10만
남태령	약 9만
통일로	약 9만
도봉로	약 7만 9천
망우리	약 7만 7천
복정 검문소	약 6만
서하남	약 6만
서오릉	약 4만

창업할 수 있는 외식업 종목

한정식 전문점/ 산채요리 전문점/나물요리 전문점/ 약선요리 전문점/ 궁중요리 전문점/ 사찰음식 전문점/ 한식당/ 한식배달 전문점/ 생선구이백반 전문점/ 연탄구이백반 전문점/ 우렁된장 전문점/ 대통밥 전문점/ 중화요리 전문점/ 중화요리 뷔페/ 테이크아웃 중화요리 전문점/ 중화요리 패밀리 레스토랑/ 기사식당/ 5,000원 기사식당/ 돼지김치찌개 전문 기사식당/ 해물탕 전문 기사식당/ 연탄구이 기사식당/ 일식집/ 활어횟집/ 장어 전문점/ 초밥 전문점/ 퓨전초밥 전문점/ 회전초밥 전문점/ 일본음식 전문점/ 보쌈 전문점/ 부대찌개 전문점/ 수제 부대찌개 전문점/ 빈대떡 전문점/ 족발 전문점/ 닭갈비 전문점/ 찜닭 전문점/ 바비큐 치킨 전문점/ 통닭 전문점/ 닭볶음탕 전문점/ 삼계탕 전문점/ 죽 전문점/ 덮밥 전문점/ 비빔밥 전문점/ 돌솥밥 전문점/ 가마솥밥 전문점/ 철판볶음밥 전문점

참치회 전문점/ 꽃게탕 전문점/ 해물탕 전문점/ 민물새우 전문점/ 낙지요리 전문점/ 랍스타 전문점/ 조개구이 전문점/ 꼬치구이 전문점/ 밴댕이요리 전문점/ 올갱이국 전문점/ 돼지갈비 전문점/ 삼겹살 전문점/ 생고기 전문점/ 연탄불고기 전문점/ 화로 숯불고기 전문점/ 한우 전문점/ 떡볶이 전문점/분식 전문점/ 만두 전문점/ 즉석김밥 전문점/ 카레요리 전문점/ 수제어묵 전문점/ 수제 햄버거 전문점/ 수제핫도그 전문점/ 호두과자 전문점/ 왕만두 전문점/ 멸치국수 전문점/ 잔치국수 전문점/ 회국수 전문점/ 막국수 전문점/ 우동 전문점/ 라면 전문점/ 칼국수 전문점/ 손칼국수 전문점/ 콩칼국수 전문점/ 바지락 칼국수 전문점/ 수제비 전문점/ 닭수제비 전문점/ 퓨전음식 전문점/ 일식돈가스 전문점/ 바비큐 전문점/ 샤브샤브 전문점/ 버섯요리 전문점/ 두부요리 전문점/ 두루치기 전문점/ 보리밥 전문점/ 쌈밥 전문점/ 떡갈비 한정식 전문점

추어탕 전문점/ 매운탕 전문점/ 동태탕 전문점/ 감자탕 전문점/ 영양탕 전문점/ 오리요리 전문점/ 설렁탕 전문점/ 해장국 전문점/ 뼈다귀 해장국 전문점/ 콩나물 해장국 전문점/ 소해장국 전문점/ 카페/ 락카페/ 북카페/ 룸카페/ 커피숍/ 룸커피숍/ 테이크아웃 커피 전문점/ 보드게임 카페/ 막걸리 전문점/ 연탄불 생선구이 주점/ 일본식 주점/ 퓨전 주점/ 연탄불 안주 주점/ 철판요리 주점/ 포차 주점/ 맥주 전문점/ 세계맥주 전문점/ 호프 전문점/ 소주방/ 단란주점/ 룸살롱/ 노래방/ 비즈니스 바/ 웨스턴 바/ 칵테일 바/ 마술쇼 바/ 모던 바/ 클럽/ 제과점/ 떡 전문점/ 피자 전문점/ 파스타 전문점/ 스파게티 전문점/ 이태리요리 전문점/ 프랑스요리 전문점/ 터키요리 전문점/ 베트남쌀국수 전문점/ 양꼬치 전문점/ 말고기 전문점/ 북한음식 전문점/ 외국음식 전문점/ 패스트푸드/ 패밀리 레스토랑/ 샐러드 레스토랑/ 해물 뷔페/ 고기 뷔페/ 가든형 음식점/ 반찬집/ 1만원 고기안주 주점/ 1만원 해산물안주 주점/ 무한리필 안주 주점/ 무한리필 음식 전문점/ 무한 토핑 주점

〈표 44〉 추정소요자금 계획

과목	금액	비고
1. 매출액	0	서비스매출 + 상품매출
1) 서비스	0	(서비스매출)
2) 상품매출	0	(상품 또는 음식 판매 매출)
2. 매출원가	0	상품의 원가
3. 매출이익	0	매출액 - 매출원가
4. 판매관리비	0	
1) 급료	0	직원급여, 사업자급여
2) 복리후생비	0	직원복리후생, 4대보험, 식대 등
3) 임차료	0	임차료
4) 수도광열비	0	전기세, 수도세, 가스 등
5) 통신료	0	전화, 인터넷, 휴대폰
6) 수수료	0	세무대행료, 신용카드 수수료, 정수기, POS 등
7) 소모품비	0	1회용품, 청소용품, 주방용품
8) 감가상각비	0	취득원가-잔존가치/내용연수
9) 광고비	0	전단지, 홍보비 등
10) 기타경비	0	
5. 영업이익	0	매출이익 - 판매관리비
6. 영업외 비용	0	
1) 지급이자	0	대출금은행이자
7. 영업외 수익	0	이자수익 등
8. 경상이익	0	영업이익 - 영업외비용 + 영업외수익
9. 세전순이익	0	경상이익 - 특별손실 + 특별이익
10. 세금	0	1년 부가가치세, 소득세/12개월
11. 순손익	0	세전순이익 - 순이익

매출액 추정과 투자 수익률 분석
매출액 추정 방법
1개월 동안의 수익 X 12개월 = 적정 권리금
월 매출액
통행인구수 X 내점률 X 1인구매단가(객단가) X 월간 영업일수

〈표 45〉 투자수익률 및 투자회수기간 판단 기준

사업성 판단기준	투자수익률	투자비회수기간
매우 우수	4.3% 이상	2년 이내 회수
우수	3~4.2%	2~3년 회수
보통	2.2~3%	3~4년 회수
불량	2.1% 미만	4년 이상 회수

	〈표 46〉 입지 후보지 선정	
1	업종(목적)분석	아이템의 소비시간, 소비수준, 소비층, 소비행동, 경쟁점, 보완점을 분석한다.
2	유사업종군집화	소비패턴과 소비특성 등이 유사한 업종을 군집화한다.
3	1차 지역선정	군집화된 업종의 환경 조사
4	적합도 분석	상권과 업종의 적합도와 경쟁점과 보완점을 조사한다.
5	2차 후보지선정	적합도가 높으며, 임대조건 등이 좋은 지역 선정
6	변화요인 분석	도시계획, 공급률 등을 조사하여 미래변화요인을 조사한다.
7	타당성 분석	추정손익, 투자대비, 수익률 등 사업타당성을 분석한다.
8	최종	최종 결정

〈표 47〉 환경 분석(3C 분석)

3c	분석 내용	전략 방향
Customer	- 상권 반경 1km 내 - 배후세대를 주택가로 두고 있는 2종 근린생활 상권 - 30~40대 매니아층, 가족 수요 상존 - 31,500세대, 88,700명(주택 80%)	양질의 제품 확보 정당한 가격 정책
Company	- 기능적 능력의 확보 - 공급자 확보 - 20년 이상 거주로 잠재 수요 확보	제품의 질 유지
Competitor	- 경쟁점포 7개소(곱창 6, 양구이 1) - A급 경쟁점포 1개 - 경쟁점 대비 차별화 요소 약함 - 기존 점포의 고객 충성도 높음	양심의 제품 공급과 마케팅으로 새로운 맛집으로 부상

〈표 48〉 사업 방향의 설정

구분	사업 방향 설정
목표고객	- 상권 내 30~40대 - 배후세대 가족 고객
핵심경쟁력	- 기술적 능력 - 양질의 제품에 대한 지속적인 제공능력
실행방안	- 독산동 내장 도매상과의 협업 - 블로그 운영 - 스토리텔링에 의한 고객충성도 고취
업종현황 및 전망	- 공급이 한정적이고 손질에 어려움이 있는 반면, 매니아층을 중심으로 수요가 꾸준하여 향후 전망 또한 안정적임.

〈표 49〉 시설계획

인테리어 컨셉	-젠 스타일 추구로 유행을 타지 않으면서 안정감 추구 -가족 고객을 위한 편안한 테이블 셋팅 -배연 시설에 중점			
시설 계획	-동선을 고려한 설계 -주방면적, 홀 면적, 테이블 수, 마감재 기재 철거, 목공, 전기, 조명, 마감 계획의 구체화 -간판 디자인			
시설 자금	품명	수량(m²)	3.3m² 당 단가	금액
	인테리어(홀)	66	800,000	16,000,000
	인테리어(주방)	19	400,000	2,000,000
	잡기 비품 등			5,000,000
	간판 외			2,000,000
	합계			25,000,000

〈표 50〉 구매계획

구매전략	-독산동 내장 소매상 2곳 이상 확보 -세금계산서 수취가 가능한 식자재 업체 확보 -결제조건, 반품 조건 등을 명확히 함. -집기 비품 구매 목록표 작성					
	구입품명	**구입처**	**거래조건**	**연락처**	**금액**	**비고**
식자재	곱창, 양깃머리 외					
	식자재					
	주류					
집기/비품	주방 용품					
	홀 용품					

〈표 51〉 판매계획

	메뉴명	**수량(g)**	**단가**	**금액(일)**	**비고**
판매계획	곱창	200	15,454	772,700	부가세 별도
	양깃머리	200	20,000	200,000	
	곱창모둠	200	13,636	272,720	
	염통	200	9,090	45,450	
	간, 천엽		4,545	22,725	
	주류		2,727	149,985	
	합계			1,463,580	

〈표 52〉 원가계획

매출원가	원부자재	소요량(일)	구입단가	금액	비고
	곱창	1보			
	양깃머리	2kg			
	막창	1보			

〈표 53〉 인력 및 인건비 계획

직책	인원	급여	총액	비고
실장(주방/홀)	2	1,600,000	3,200,000	
직원(홀)	2	1,400,000	2,800,000	
보조(주방)	1	800,000	800,000	
합계	5	3,800,000	6,800,000	

〈표 54〉 소요자금 및 조달계획

구분		내역	금액	산출근거
소요자금	시설자금	임차보증금	40,000,000	임대차계약서
		권리금	20,000,000	권리양도계약서
		인테리어비	20,000,000	견적서
		집기 비품	5,000,000	견적서
		소계	85,000,000	
	운영자금	운영자금	25,000,000	매출계획의 약 65%
		소계	25,000,000	
	합계		110,000,000	
조달계획	자기자금	현금/예금	70,000,000	통장
		소계	70,000,000	
	타인자금	은행대출	10,000,000	
		정책자금	30,000,000	창업자금
		소계	40,000,000	
	합계		110,000,000	

〈표 55〉 손익계획

과목	금액	산출근거
1.매출액		39,516,000	매출계획(27일영업일)
2.매출원가		15,806,000	(40%)
3.매출이익		23,710,000	
4.일반관리비		13,875,000	(가~자 합계액)
가.급료	6,800,000		인력계획 참조
나.임차료	5,060,000		
다.관리비	600,000		
라.수도광열비	400,000		
마.통신비	50,000		
바.복리후생비	250,000		
사.광고선전비	100,000		
아.잡비	200,000		
자.잠가상각비	415,000		
5.영업이익		9,835,000	
6.영업외비용		100,000	
가.지급이자	100,000		약 25%
7.영업외수익			
8.경상이익		9,735,000	

〈표 56〉 곱창이야기 수익성

구분	15평(49.5m)	30평(99.1m)
테이블수	일일 2회 기준 테이블수X테이블단가40,000 ▶360,000X2회 ▶720,000	일일 2회 기준 테이블수18X테이블단가40,000 ▶720,000X2회 ▶1,440,000
예상매출	일일 2회 기준 테이블수X테이블단가40,000 ▶360,000X2회 ▶720,000	일일 2회 기준 테이블수18X테이블단가40,000 ▶720,000X2회 ▶1,440,000
예상월매출	영업일30X일매출→ 21,600,000	영업일수30X일매출→43,200,000

〈표 57〉 곱창이야기 창업비용

구분	15평	30평	내용
월매출	21,600,000	43,200,000	
매출원가	8,610,000	17,280,000	원재료+식자재+주류+야채류
건물임대료	2,600,000	4,000,000	임대료/관리비
인건비	4,000,000	7,000,000	15평 주방1 홀2 4,000,000 30평 주방1 홀4 7,000,000
전기,가스 공과금	1,000,000	2,000,000	전기,수도,가스,공과금 등
잡비	500,000	1,000,000	기타 소모품 및 식대
소계	16,140,000	31,280,000	
영업이익	5,460,000	11,920,000	원매출-지출경비(소계)

〈표 58〉 한식당 창업비용의 예

구분	내용	20평	30평	40평	50평	60평	70평
가맹비	브랜드 사용권, 지역독점부여권, 조리교육, OPEN지원 3일	500	500	500	500	500	500
교육비	경영, 조리, 매뉴얼제공, 본사 노하우제공, 조리교육 3일	200	200	200	200	200	200
인테리어	목공사, 전기공사, 설비공사, 도장공사, 유리, 도배, 주방, 바닥 시공, 조명, 덕트 등 일체포함	3,000	4,500	6,000	7,500	9,000	10,500
주방기기	냉장고 및 냉동고, 간택기, 육수냉장고, 싱크대, 찬 냉장고, 작업대, 밥솥, 컵소독기, 스텐선반, 홀싱크대, 상부선반, 초벌대	37	37	37	37	37	37
주방 및 홀집기	그릇 및 주방집기, 기물, 홀 집기, 앞치마, 전자레인지, 믹서기, 보온고 등	30	30	30	30	30	30
판촉 및 홍보	명함, 빌지패드, 라이터, 메뉴판, 전단지, OPEN현수막, 유니폼(홀, 주방), 오픈행사도우미 2명 외 등	250	250	250	250	250	250
본사지원품목	주류냉장고, 냉동고, 냉각기 및 주류비품 일체, 가스설비시공 (단, 도시가스 제외)						
창업자금지원	무이자, 무담보, 1,000만원부터 최고 5,000만원 까지 가능 (지역 상권, 평수에 따라 차이가 날 수 있음)						
합계		4,017	5,517	7,067	8,567	10,067	11,567

사업자등록증 발급을 위한 행정 절차	
권리금 산정방식	① 신규 위생교육 ② 보건증 발급 ③ 영업신고증 신청 ④ 사업자등록증 신청 ⑤ 보험 가입

〈표 59〉 일반음식점과 휴게음식점 비교

일반음식점	휴게음식점
음식물의 조리 및 판매와 더불어 음주행위가 허용되는 호프집, 한식, 경양식 등	음식물의 조리 및 판매는 가능하나 음주행위가 허용되지 않는 커피숍, 빵집 등

〈표 60〉 일반과세와 간이과세 비교

구분	일반과세사업자	간이과세사업자
매출액	연간매출액 4,800만원 이상	연간매출액 4,800만원 미만
납부세율	공급가액의 10% 부가가치세로 납부	업종별 부가세율을 고려한 세율부과(공급가액의 1.5~4%)
세액공제	매입세액 전액	매입세액의 15~40%
세금계산서	세금계산서 발행과 매입의 의무	세금계산서 발행 불가
예정고지 여부	예정신고기간에 대해 예정신고 또는 예정고지에 의한 징수 원칙	예정신고 및 예정고지 없음
비고		과세기간 매출액이 1,200만원 미만인 경우 부가가치세 면제

<표 61> 주요 소셜커머스 사이트 및 연락처

소셜커머스 업체	도메인	연락처
쿠팡	www.coupang.com	1577-7011
티켓몬스터	www.ticketmonster.co.kr	1544-6240
위메이크 프라이스	www.wemakeprice.com	1588-4763
그루폰코리아	www.groupon.kr	1661-0600
지금샵	www.g-old.co.kr	070-4077-4770
슈팡	www.soopang.co.kr	1600-2375
소셜비	www.sociabee.co.kr	1588-5908
달인쿠폰	www.dalincoupon.com	1666-9845

〈표 62〉 온라인마케팅의 하나인 소셜미디어 활용

	블로그	SNS	위키	UCC	마이크로블로그
사용목적	정보공유	관계형성, 엔터테이먼트	정보공유, 협업에 의한 지식 창조	엔터테이먼트	관계형성, 정보공유
주체:대상	1:N	1:1 1:N	N:N	1:N	1:1 1:N
사용환경 채널다양성	인터넷 의존적	인터넷환경, 이동통신환경	인터넷 의존적	인터넷 의존적	인터넷환경, 이동통신환경
사용환경 즉시성	사후기록, 인터넷 연결시에만 정보 공유	사후기록, 현재시점 기록, 인터넷/이동통신 연결 시 정보공유	사후기록, 인터넷 연결시 창작/공유	사후제작, 인터넷 연결시 콘텐츠 공유	실시간 기록, 인터넷/이동통신 연결 시 정보공유

〈표 63〉 연간 판매촉진 전략

월별	행사	이벤트 기준 및 판촉활동
1	시무식, 신년회, 설날, 대입합격축하회	POP부착, 새해선물(식사권, 할인권 등)을 연하장에 넣어 DM발송, 내점고객 선물 증정(복주머니, 복조리 등)
2	입춘, 봄방학, 졸업식, 환송회	졸업축하 이벤트, 발렌타인데이 특별 디너세트 판매(꽃, 샴페인증정, 초콜릿), 봄맞이 환경처리 실시, 현수막 부착, DM발송(리스트 입수), 정월대보름 오곡밥 축제
3	입학식, 환영회, 대학개강 파티	입학식, 환영회(행사유치를 위한 사전 홍보활동 및 선물제공), 화이트데이 이벤트 실시, 봄 샐러드 축제와 꽃씨제공
4	봄나들이, 한식, 식목일	신 메뉴 개발, DM, 각종 차량에 안내장 부착
5	어린이 날, 어버이 날, 스승의 날, 성년의 날	어린이날 특선메뉴 및 기념품 제공, 가정의 달 효도대잔치(카네이션, 기념사진 등), 독거 소년·소녀와 노인 초청 행사, 서비스 콘테스트 실시, 광고 등
6	각종 체육회, 현충일	국가 유공자 가족 초대회(할인행사)

월별	행사	이벤트 기준 및 판촉활동
7	여름보너스, 휴가, 초중고 방학	DM, 여름철 특선 메뉴 실시(빙수, 생과일 쥬스, 호프, 야외 바베큐파티 등), 삼복더위 축제
8	여름휴가, 초중고 개학	한여름 더위를 식힐 화채 개발 시식 및 각종 우대권 제공
9	대학개학, 초가을레저, 추석	도시락 개발, 행락철에 T/O
10	운동회, 대학축제, 결혼러시, 단풍놀이 행락객	가을미각축제, 과일축제, 송이축제, 전어축제, DM발송
11	학생의 날, 취직, 승진축하	찜요리 축제, 입시생을 위한 특선메뉴(건강식), 송년회 및 회식안내(DM)
12	송년회, 겨울방학, 겨울레저, 첫눈	크리스마스카드 및 연하장 발송(할인권), 점내 POP부착
기타	단골고객의 날 이벤트 개최, 생일 축하, 월 시식일 등	고객관리, 선물 또는 무료 식사권 제공

일일 매출 규모별 적정 관리 내역

(1) 하루 매상 40만원-창업 실패한 업소

한 달 총매출 : 40만원 x 30일 = 1,200만원

재료비(30%~35% 안팎) : 450만원 안팎

임대료&공과금&인건비(35%~40% 안팎) : 500만원 안팎

순이익률(22%~30%) : 250만원 ~ 350만원(사장이 주방이나

매장일을 하는 상태)

(2) 하루 매상 60만원-평균 성적을 거둔 업소

한 달 총매출 : 60만원 x 30일 = 1,800만원

재료비(30%~35% 안팎) : 600만원 안팎

임대료&공과금&인건비(35%~40% 안팎) : 700만원 안팎

순이익률(23%~32%) : 400만원 안팎(사장이 주방이나 매장

일을 절반 정도 하는 상태)

(3) 하루 매상 150만원-대박 아닌 중박을 이룬 업소

한 달 총매출 : 150만원 x 30일 = 4,500만원

재료비(30%~35% 안팎) : 1,600만원 안팎

임대료 & 공과금 & 인건비(35%~40% 안팎) : 1,700만원 안팎

순이익률(25%~33%) : 1,200만원 안팎

(4) 하루 매상 30만원~40만원 일 경우-폐업 갈림길의 음식점

말 그대로 입에 풀칠하고 있는 상황에서 사업을 접지도 못하는 상황인 음식점을 말한다. 수입이 적기 때문에 사장이 직접 주방일을 할 수밖에 없다. 인건비 지출을 줄여야 하므로 종업원은 1~2인만 고용할 수 있는 상태다. 종업원 1인 고용 시 매장을 전부 담당하지 못하므로 사장 부인이 주방일도 거들고 매장일도 거드는 상황이 된다. 이렇게 되면 부부가 힘들어 지게 되고, 부인의 바가지 지수는 높아지며 이때쯤 되면 음식점 장사에 대해 체념하게 된다.

이런 점포는 십중팔구 1년 안에 문을 닫게 되거나, 코가 꿰인 상태로 어찌지도 못하고 사업을 하는 상태가 지속된다.

하루 평균 매상 30만원 이하이면 이건 동네에서 관심조차 받지 못하는 음식점이란 뜻이고, 맛없는 집이거나 망해가는 음식점이라는 뜻이다. 다시 말해 동네 손님은 없고, 아주 소수의 단골손님과 우연히 걸려든 뜨내기손님을 받는 업소이다.

5천만원 이하 소자본 창업을 하면서 준비를 제대로 하지 않으면 이런 일이 쉽게 발생한다. 가장 큰 이유는 업종 선택이 잘못되어서이거나, 맛이 없어서이다. 이런 경우 1일 매상 폭의 변동이 매우 심한데 이것은 고객들에게 안 가도 되는 음식점으로 각인됐다는 뜻이다. 창업 15일이 지나도 하루 평균 매상이 30만 원 이하이면 바로 업종 변경을 해야 한다. 만일 밥집이었다면 술을 취급할 수 있는 업종으로 변경을 시도하면 매상을 더 올릴 수 있다.

(5) 하루 매상 60만원 일 경우-생활 유지형 음식점

하루 매상 60만원이라면 월수입이 400~500만원 정도이므로 집에 생활비를 가져갈 수 있고 음식점 경영 목적으로 자동차를 자유롭게 운용할 수 있는 상태이다. 자동차는 더 싼 식재료를 사러 다니는 용도로 사용한다. 우리 주변에서 볼 수 있는 평범한 음식점들보다는 좋은 실적이므로 일단 '맛' 은 어느 정도 인정받은 집이라고 할 수 있다.

일을 할 때 가끔 자기 일이 행복하다는 생각이 들기도 하고 불행하다는 생각이 들기도 한다. 부부는 일심동체로 사업을 키우기 위해 더 열심히 노력하는 상태가 된다. 건물 임대료에 따라 다르겠지만 종업원은 1~2명 정도 고용할 수 있고 부부 중 한 사람이 주방을 맡아 인건비 부담을 줄일 수 있다.

그런데 이 경우가 가장 위험하다. 당장 먹고사는 방법이 마련되어 있으므로 가끔 행복지수가 올라가기는 하는데, 유명 맛집이 아닌 한 음식점의 매상은 세월이 흐를수록 떨어지기 마련이다. 예를 들어 옆집에 더 근사한 음식점이 들어오면 바로 타격이 온다는 뜻이다. 하지만 기존 단골이 있으므로 바로 매상이 떨어지지는 않고 2~5년 세월이 흘러가면서 아주 서서히 매상이 떨어진다. 어느 날은 매상이 90만원인데 어느 날은 매상이 20만원이 되기도 한다.

(6) 하루 매상 100만원일 경우-돈을 모을 수 있는 음식점

월 900만원 안팎의 수익이 발생하므로 몸은 고생해도 행복지수는 날로 높아진다. 월 순이익 1천만원 수준을 넘기면 이젠 자신의 음식점이 성공하였다고 자부하고, 자기는 가만히 있는데도 돈이 굴러들어온다고 착각한다. 이 상태이면 주방장과 종업원을 여러 명 고용한 뒤 부부는 놀러 다닐 수도 있는 상태가 되지만 돈 버는데 재미가 붙어 꼭 매장에 붙어 있으려고 한다. 이 경우 월수입을 전부 쓰지 말고 생활비를 제외한 나머지는 반드시 저축해야 한다. 저축한 금액은 몇 년 뒤 매장을 확장하거나 직영점을 내는 데 활용할 수 있다. 직영점 3개 정도 내면 더 바쁘게 살겠지만 최소한 돈 걱정은 안 하고 살 수 있을 것이다. 또한 천천히 프랜차이즈 사업을 시도할 수도 있다.

(7) 하루 매상 150만원일 경우-흔히 말하는 중박 음식점

하루 매상이 150만원인 점포는 흔히 말하는 중박 이상의 성공한 음식점들이다.

유명 햄버거 프랜차이즈 중에서 입지 조건이 나쁜 지방에 있는 점포인 경우 일매 110만원 정도를 찍는다. 대도시에서 지명도 낮은 지역에 있는 유명 햄버거 체인점들이 일매 130만원~180만원을 찍는다. 그리고 재래시장에서 볼 수 있는 시장 빵집 중 항상 손님이 바글바글대는 빵집이 일매 170만원을 찍는다.

30평 규모의 유명 한식 프랜차이즈 중에서 장사가 잘되는 점포가 일매 150만원 찍고, 장사가 잘되는 주점, 호프집, 고깃집, 일식집, 분식집이 일매 150만원을 찍는다.

(8) 하루 매상 200만 원-흔히 말하는 초대박 음식점

하루 매상 200만 원이면 객단가 7천 원 기준 1일 300인분을 판매하는 초대박 음식점이다. 월 1천 500만원~2천만원의 순수익이 발생한다. 물론 고기를 박리다매하는 주점이라면 이익률이 더 낮아질 것이다. 하루 200만 원 매출이 발생한다면 더할 나위 없이 좋은 시나리오이고 프랜차이즈 사업을 시도해도 성공할 확률이 높다. 또한 매출이 조금 떨어질 무렵이면 장사에 싫증날 수도 있는데 이때 권리금을 많이 받고 바로 팔아 버릴 수도 있다.

그런데 하루 매상 200만원 찍으려면 단골과 유동 인구가 중요하다. A급 상권에 입점한 유명 패스트푸드점, 외식업 체인점이 일매 200만원 이상 찍는다. A급 상권에서 장사가 잘 되는 고깃집, 한정식, 횟집, 주점, 퓨전음식점, 유명 한식체인점, 일식집, 분식집이 일매 200만원 이상 찍는다. A급 상권에 있는 퓨전포차도 히트치면 일매 200만원 이상 찍는다.

(9) 하루 매상 300만원 이상-맛집이거나, 유동 인구가 많거나, 매장 크기가 큰 음식점

유동 인구가 많은 오피스 밀집 지역은 20평 크기의 분식점도 장사를 잘하면 일매 300만 원 이상 찍기도 한다. 또한 지방의 전통적인 맛집이거나, 점포 크기가 상대적으로 큰 경우다. 객단가가 높은 음식점이거나, 부촌에서 장사가 잘되는 음식점이 이에 속한다.

A급 상권이거나 강남 부촌 등에서 장사가 잘되는 고깃집, 주점 등이 일매 300만원 이상 찍고, A급 상권으로 비즈니스 밀집 지역에서 장사가 잘되는 20평 크기의 분식점이 일매 300만 원 이상 찍는다. 대형 아파트단지에서 맛으로 유명한 개인 빵집도 일매 300만원 이상 찍는다.

갈비 숯불구이집이 부촌에서 초히트치면 일매 1,000만원을 찍는다. 바닷가의 유명 횟집이라면 일매 400만원 이상 찍는다. 더 유명하고 드라이브족이 많이 찾는 횟집이라면 일매 700만원을 찍기도 한다. 도시 외곽에 새로 음식점을 세웠는데 맛집으로 유명세를 타면서 손님들이 몰려온다면 일매 300만원 이상 찍고 업종에 따라 일매 500만원 찍는 집과 일매 700만원을 찍기도 한다.

(10) 하루 매상 1천만 원-기업형 음식점

유동 인구가 많은 곳에 위치한 유명 패밀리 레스토랑 가맹점들은 보통 일매 1천만원 이상을 찍는다. 유명 프랜차이즈의 본점은 대부분 대형이다. 이들 중 장사를 잘하는 본점들이 보통 일매 400만원, 500만원을 찍고, 일매 1천만 원 이상 찍는 본점도 있다. 보통 고깃집, 쌈밥집, 보쌈집, 오리요릿집처럼 객단가가 높은 업체들의 본점이 가능하다.

〈표 64〉 한식 갈비집의 초기 창업비용

품목	내용	금액
가맹비	·상표사용권 부여 및 지역 독점영업권 보장	·400만원 ※전략지역 할인이벤트 확인
교육비	·가맹점 운영 교육 및 매뉴얼 제공, 노하우 전수	600만원
물품 보증금	·본사 공급 원부자재에 대한 예치금(가맹계약 해지 시 반환)	~~400만원~~ → 200만원 ※200만원 할인행사
점포개발비	·나이스비즈맵과 SK텔레콤 상권분석 시스템	~~100만원~~ → 0원 ※100만원 할인행사
인테리어	·설계 및 3D 디자인/바닥타일 공사 ·목공사(자재/인건비/유리·금속 공사 ·전기, 조명공사/도장, 필름공사/사인물 일체	4200만원 ※33m² 당 140만원
홀/주방기물	·2인/4인 테이블, 단체석 일체 등	1500만원
간판	·외부 전면 잔넬 텍스트 간판 (4M) ·돌출 간판 및 사이드 간판	450만원
기기설비	·로스터(착화식), 삼중불판 ·냉장/냉동고, 간데기 etc, 육류냉장고 등 ·샐러드바, 아이스크림케이스, 식혜, 커피머신	2250만원
홍보/오픈지원	·웹카메라 1대/음향기기SET/홍보물 및 조형물 일체	50만원

〈표 65〉 외식업 초기 창업비용(단위 : 만 원)

구분	99.17m²	132.23m²	165.28m²	198.34m²	세부내역	비고
가맹비	800	800	800	800	상호·상표사용(브랜드가치) 등	소멸
교육비	200	200	200	200	메뉴·운영·서비스·식자재 교육	체류비 등 점주부담
인테리어	3900	5200	6500	7800	목공사, 설비, 방수공사, 천정, 전기 등	평당 130만 원
간판	500	600	700	750	전면LED간판, 돌출간판 등	그 외 별도
닥트	550	700	850	1000	외부 2층 기본, 내부 및 주방 닥트	3층 이상 별도
테이블·의자	400	520	640	760	홀 의·탁자	
테이블 렌지	270	350	430	510	2구렌지	
주방기기·홀 집기	2100	2700	3300	3900	식기세척기, 주방기기 등	주물불판은 본사 무료 대여
인쇄·홍보·소품	200	250	300	400	이벤트, 전단지, 추억의 소품 일체	
합계	8920	1억1320	1억3720	1억6120		

참고문헌

김광희, '상권과 입지 장사 목', (서울:미래와 경영), 2005.

김미영, '10평의 기적', (서울:문화사), 2010.

김브로니, '주목받는 FC브랜드', 외식경영, 2015.2., 98-99.

김상훈, 「불멸의 창업인기아이템」, 월간외식경제(2016. 02.), 100.

_____, '운영 편의성, 가격 경쟁력에 주목', 월간식당, 2017,08, 157.

김영식.전용수.권규미, 「외식경영사례」, (서울:기문사), 321-355.

김준성, '주목할 프랜차이즈 외식경영', 2016.6., 102-103

김지원, '소상공인을 위한 디자인 가이드 매뉴얼 개발 연구 소상공 인진흥원 , 2014.

_____, '프랜차이즈 집중탐구', 월간식당, 2014.2., 206-207.

대한주류공업협회(2012). 세계 주류시장 동향. 대한주류공업협회.

맹한승(2004). 행복을 찾아가는 나만의 삶, 웰빙. 행복한마음.

박천수, '프랜차이즈 100', 창업경영신문, 2013.6.27.

이상희·이형룡(2012), 와인소비자의 관여수준에 따른 위험지각과 정 보탐색이 소비자 만족에 미치는 영향. 외식경영연구, 15(5),

297-319. 한국사회학회(2006). 국민의식조사. 한국사회학회.

이지연, 프랜차이즈 집중탐구 월간식당 2014 2 206-207

월간식당 성공레시피 2015.12 136-138

유병호·황조혜(2012), 소믈리에의 서비스 품질과 음식에 따른 와인선택
　　　속성이 고객만족도에 미치는 영향. 관광레저연구, 24(6), 347-368.

육주희, '성공레시피', 월간식당, 2014.06, 102-108.

외식경영 주목받는 FC브랜드 2015.2 98-99

이재형, '외식경영 성공전략', 외식경영, 2016.1., 134-135.

지유리, '신규프랜차이즈 5선', 창업&프랜차이즈 2017.1, 220-221.

최영욱. 노상욱(2010), 「잘되는 이색 아이템」, (서울 : ㈜새빛에
　　　듀넷).

현대경제연구원(2014.1.9.)

LG주간경제(2004). 웰빙열풍을 읽는 3개의 코드, CEO Report.

일본 국세청 (www.nta.go.jp)

일본 농림수산성 (www.maff.go.jp)

일본 후생노동성 (www.mhlw.go.jp)

일본 맥주협회 (www.brewers.or.jp)

일본 청주.본격소주 협회 (www.japansake.or.jp)

일본 기린社 (www.kirinholdings.co.jp)

일본 아사히社 (www.asahibeer.com)

일본 산토리社 (www.suntory.com)

일본 삿포로社 (www.sapporobeer.jp)

한눈에 읽는 외식창업 성공이야기 [시리즈 20]

이자카야 마니아의 질주

사케 전문점

발 행 일 : 2018年 6月 1日

저   자 : 김 병 욱

발 행 처 : 킴스정보전략연구소

홈 페 이 지 : http://www.kimsinfo.co.kr

주   소 : 서울시 강동구 성내로8길 9-19(성내동
            550-6) 유봉빌딩 301호(☎ 482-6374 ~ 5,
            FAX : 482-6376)

출판등록번호 : 제17-310호(등록일: 2001.12.26)

인   쇄 : 으 뜸 사

I S B N : 979-11-7012-144-2

※ 당 연구소에서 발간하는 도서구입, 도서발행, 연구위탁, 강의, 내용질의,
컨설팅, 자문 등에 대한 문의 ☎(02)482-6374.